Iormom Bruce Iortile

Przejście kursu walutowego na inflację

lormom Bruce lortile

Przejście kursu walutowego na inflację

Wydawnictwo Bezkresy Wiedzy

Imprint

Cover image: www.ingimage.com

Publisher:
Wydawnictwo Bezkresy Wiedzy
is a trademark of
International Book Market Service Ltd., member of OmniScriptum Publishing Group
17 Meldrum Street, Beau Bassin 71504, Mauritius

Printed at: see last page
ISBN: 978-620-0-54450-6

Przejście kursu walutowego na inflację

SPIS TREŚCI

ROZDZIAŁ PIERWSZY: WPROWADZENIE

1.1 Kontekst badania

W okresie od 1971 r. obserwuje się duże wahania dwustronnych kursów walutowych głównych gospodarek świata. Okres ten charakteryzował się upadkiem systemu z Bretton Woods i próbami władz monetarnych rozwijania lub przywracania krajowych systemów kursowych. W porównaniu z epoką Bretton Woods, kiedy waluty krajowe były powiązane z dolarem, nowsze systemy kursów walutowych ustanowiły systemy walut niewymiennych. Głównymi cechami systemu BrettonWoods według wikipedii było zobowiązanie każdego z ówczesnych 44 państw członkowskich ONZ oraz, w związku z tym, MFW do przyjęcia polityki monetarnej, która utrzymywała kurs walutowy poprzez wiązanie swojej waluty z dolarem amerykańskim oraz zdolność MFW do niwelowania przejściowej nierównowagi płatniczej. [15] sierpnia 1971 roku Stany Zjednoczone jednostronnie zakończyły wymienialność dolara na złoto. W konsekwencji system z Bretton Woods oficjalnie się zakończył, a dolar stał się w pełni walutą fiat. Nixon Shock" stworzył sytuację, w której dolar amerykański stał się jedynym oparciem walut i walutą rezerwową dla państw członkowskich.

W Nigerii pierwszą poważną reakcją na awarię systemu Bretton Woods było zakończenie wiązania funta nigeryjskiego z walutami jego głównych partnerów handlowych 29 czerwca 1972 roku. W miejsce Nairy wprowadzono ją w 1972 r., a jej niezależne zarządzanie rozpoczęło się w kwietniu 1974 r. w ramach polityki stopniowego doceniania (Chizea, 1993). W 1978 r. przyjęto ważony importem koszyk ustalania kursu walutowego, obejmujący siedem głównych walut: Funt brytyjski, dolar amerykański, marka holenderska, frank francuski, jen japoński, gildia holenderska i frank szwajcarski. Oznaczało to początek rynku walutowego w Nigerii (Arome, 1994).

W latach 80. krach cen ropy naftowej i surowców pierwotnych spowodował poważną nierównowagę w płatnościach, gdyż tempo wysokich rachunków importowych kraju wciąż rosło (CBN, 1986). Biorąc pod uwagę scenariusz ostrego niedoboru wymiany walutowej, który doprowadził do tej sytuacji, oraz jako środek dalszej deregulacji, w październiku 1985 r. uchwalono ustawę ustanawiającą system rachunków domowych, której celem było zwiększenie wolumenu wymiany walutowej przyciąganej przez sektor prywatny. Według Arome'a (1994) skuteczność systemu rachunków krajowych w pozyskiwaniu tak bardzo potrzebnej dewizowej waluty okazała się być osłabiona przez kryzysy zaufania w wypowiedziach rządowych z powodu niespójności polityki rządu i częstych przypadków jej odwrócenia.

Główną przesłanką wprowadzonego w 1986 r. Programu Dostosowań Strukturalnych (SAP) Banku Światowego/MFW był fakt, że gdy dostęp danego kraju do międzynarodowego finansowania kredytowego ma wiążące limity i jest zewnętrznie uwarunkowany zagranicznymi źródłami kredytów, strategia reform, która restrukturyzuje podstawy absorpcji, staje się jedyną drogą do trwałego wzrostu gospodarczego (Soludo, 1995). Głównym kierunkiem polityki SAP było przekierowanie z ukierunkowanej na zewnątrz substytucji importu do ukierunkowanej na zewnątrz promocji eksportu, a ostatecznym instrumentem polityki był kurs wymiany (Williamson, 1995). Ruch w kierunku odpowiedniej rynkowej wyceny walutowej został po raz pierwszy dokonany poprzez ustanowienie 29 września 1986 r. rynku walutowego drugiego stopnia. W latach 1985-1989 presja spadkowa wymusiła deprecjację nominalnego efektywnego kursu walutowego na poziomie średnio 41% rocznie oraz średnią deprecjację 71% oficjalnego kursu walutowego (Oyinlola i Babatunde, 2009). Od 1989 r., kiedy to zrezygnowano z systemu podwójnego kursu walutowego, wprowadzono szereg mechanizmów mających na celu złagodzenie presji na kurs wymiany naira wynikającej z rynkowego podejścia do ustalania kursu wymiany naira. W latach 1986-1993 eksperymentowano z takimi podejściami jak Bureau de Change, Holenderski System Aukcyjny i międzybankowy rynek walutowy, które są zorientowane rynkowo. W 1994 r. przyjęto politykę stałego kursu walutowego przed przyjęciem programu stabilności, aby ustabilizować kurs wymiany naira i powstrzymać spiralę inflacyjną związaną z utrzymującą się deprecjacją naira (Oluwole, 2002). Zostało to zawieszone w 1995 roku.

Od czasu rezygnacji z systemu stałego kursu walutowego prowadzono politykę deregulacji kierowanej. Celem polityki było celowe budowanie i wzmacnianie rezerw zewnętrznych, aby stworzyć zaufanie do nigeryjskiej gospodarki, wzmocnić Nairę i utorować jej drogę do uzyskania statusu waluty wymienialnej. Pozostało to zasadą przewodnią przez lata do 2002 r., kiedy to ponownie wprowadzono niderlandzki system aukcyjny w celu zapewnienia określenia kursu wymiany Naira poprzez siły rynkowe, zachowania pozycji rezerwy zewnętrznej, zmniejszenia do minimum barestu premii między kursem urzędowym a kursem rynku równoległego i Bureux de Change (BDC) oraz zapewnienia stabilności kursu wymiany Naira (CBN, 2008).

W ostatnich latach środki takie jak holenderski mechanizm określania kursu walutowego, który w 2006 r. przekształcił się w hurtowy holenderski system aukcyjny, były ukierunkowane na dalszą liberalizację gospodarki. Nawet w tym przypadku MFW w marcu 2011 r. wezwał do większej elastyczności na rynku walutowym; nadal istnieje w Nigerii pozorna zgoda co do tego, że kurs wymiany Nairy szybko przesunął się z pozycji zawyżonej w przed-strukturalnym programie dostosowawczym (SAP) do pozycji brutto zaniżonej w erze po SAP (Chizea, 1993).

1.2 Przedstawienie problemu

Podstawowe cele polityki kursowej w Nigerii to: zachowanie międzynarodowej wartości Nairy; utrzymanie korzystnej pozycji w zakresie rezerw zewnętrznych; oraz zapewnienie równowagi zewnętrznej bez naruszania konieczności zachowania równowagi wewnętrznej i ogólnego celu, jakim jest stabilność makroekonomiczna (CBN, 1998). To właśnie ten cel równowagi wewnętrznej podkreśla związek między kursem walutowym a inflacją. Jest tak nawet dlatego, że dąży do utrzymania stabilności cen krajowych (Arome, 1994). Modele inflacyjne powiązań międzynarodowych uwzględniają charakter dominującego systemu kursów walutowych. Przekonanie jest takie, że zmiany cen są łatwo przenoszone z jednego kraju do drugiego w ramach systemu stałego kursu walutowego. W tym założeniu oczekuje się, że elastyczne stawki będą izolować gospodarkę krajową od zewnętrznych zakłóceń cenowych.

Być może, zgodnie z powyższą argumentacją, okres od 1986 r., kiedy to powstał drugi co do wielkości rynek walutowy, był świadkiem postępujących prób większej liberalizacji i deregulacji ustalania kursu walutowego w Nigerii. Pomimo tych środków politycznych nie udało się ograniczyć gwałtownego wzrostu ogólnego poziomu cen. W latach 1985-1989, Wskaźnik cen towarów i usług konsumpcyjnych wzrastał średnio o około 78 procent rocznie; w roku 1995 zanotował 72 procentowy wzrost z roku na rok. Zdarzenia te miały miejsce zgodnie z okresem dużej deprecjacji kursu Naira. Niestety, tendencja ta nie zmniejszyła się. Czy wymiana walutowa w Nigerii może być odpowiedzialna za niestabilność cen zarówno w perspektywie krótko-, jak i długoterminowej? Teoria sugeruje, że kurs wymiany jest kompletny. Czy można to potwierdzić na podstawie danych nigeryjskich?

Ponownie, w 2007 r. CBN ogłosiła plany przejścia od polityki pieniężnej do celów inflacyjnych (Ochendu, 2009 r.). Skuteczna polityka ukierunkowania inflacji wymaga jednak dokładnej wiedzy na temat wielkości i charakteru czynników, które określają charakter cen w Nigerii. Taka wiedza nie wydaje się jednak zbyt oczywista. Formalne ramy analizy wpływu kursu walutowego na stopę inflacji są zatem uważane za bardzo potrzebne.

1.3 Pytania dotyczące badań

Badanie to zostało przeprowadzone na tle braku wiedzy na temat elastyczności cen krajowych na zmiany kursów walutowych w Nigerii. Nie osiągnięto również konsensusu wśród uczonych co do tego, czy przejście (jeśli istnieje) ma charakter długoterminowy czy krótkoterminowy. Z tą właśnie orientacją badanie ma na celu odpowiedzieć na następujące pytania:

i. Jaka jest wielkość przejścia kursowego, jeśli w ogóle?

ii. Czy kurs walutowy jest w Nigerii zjawiskiem krótko- czy długoterminowym?

iii. Jaki jest wpływ przejścia kursu walutowego na ceny krajowe w Nigerii?

1.4 Cele badania

Głównym celem tego badania jest zbadanie wpływu kursu wymiany na ceny krajowe w Nigerii. Konkretnie, badanie jest ustawione na:

i. Określenie wielkości kursu wymiany w Nigerii

ii. Zbadanie, czy kurs wymiany jest zjawiskiem krótko- czy długoterminowym.

iii. Przeanalizuj wpływ przejścia kursu walutowego na ceny krajowe w Nigerii.

1.5 Hipotezy badawcze

W celu przeprowadzenia badania sformułowano następujące hipotetyczne stwierdzenia:

Wielkość kursu wymiany w Nigerii nie jest pełna.

1Ho:Wielkość kursu wymiany w Nigerii nie jest pełna.

2.Ho: Przejście przez kurs walutowy nie jest zjawiskiem krótkotrwałym.

3. Ho: Przejście kursu walutowego nie ma znaczącego wpływu na ceny krajowe w Nigerii.

1.6 Znaczenie badania

W większości krajów rozwijających się formułowanie i prowadzenie polityki kursowej stanowi zasadniczą część ram polityki makroekonomicznej. Niska inflacja i międzynarodowa konkurencyjność stały się pożądanymi celami w tych krajach. Znaczenie wpływu ruchu kursu walutowego na ceny jest dodatkowo podkreślane przez obecne reformy, które polegają m.in. na przejściu od ukierunkowania walutowego do ukierunkowania na inflację.

W związku z tym konieczne jest zbadanie, w jakim stopniu kurs walutowy przekłada się na cenę krajową w kraju. Takie dochodzenie pomoże zrozumieć proces ustalania cen w Nigerii i w konsekwencji zapewni solidne sformułowanie polityki pieniężnej mającej na celu ograniczenie inflacji. Tak więc znaczenie tego badania polega na twierdzeniu, że wiedza o zakresie przejścia na ceny krajowe może wpłynąć na efektywność prognoz władz monetarnych dotyczących przyszłej ścieżki inflacji, która jest kluczowym elementem prowadzenia polityki pieniężnej. Skuteczna realizacja polityki pieniężnej zakłada bowiem, że władze monetarne nie tylko dobrze rozumieją determinację polityczną, ale także stosunkowo skutecznie prognozują przyszłą ścieżkę inflacji.

Nie można nie doceniać krytycznej roli, jaką odgrywają inne kluczowe czynniki w ustalaniu cen. Jeżeli prognozy dotyczące inflacji opierają się na szacunkach przejścia kursu walutowego, które nie uwzględniają innych istotnych czynników, prognozy te mogą być zawyżone o skutki zmian kursu walutowego dla cen krajowych. Ponadto prowadzenie optymalnej polityki pieniężnej ukierunkowanej na stabilność cen zależy od zakresu, źródła i czasu trwania szoku cenowego. W związku z tym kształtowanie optymalnej polityki pieniężnej powinno różnić się w zależności od kraju i grupy produktów, w zależności od wielkości przepływów walutowych. Ustalenie zakresu przejścia ma zatem zasadnicze znaczenie dla sformułowania skutecznej polityki pieniężnej.

Co więcej, nadal istnieje niedobór badań nad empirycznymi szacunkami przejścia dla małych otwartych i rozwijających się gospodarek. Większość badań koncentrowała się na rozwiniętych gospodarkach USA, Niemiec, Kanady, Belgii, Włoch, Austrii, Szwajcarii, Irlandii i Ameryki Łacińskiej, pozostawiając krajom rozwijającym się rażącą lukę. Chociaż istnieje niewiele badań empirycznych dotyczących niektórych gospodarek rozwijających się - Alper (2003) dla Turcji, Bhundia (2002) dla Republiki Południowej Afryki, Kiptui i in. (2005) dla Kenii i Oladipo (2007) dla Nigerii; nie można ich uogólniać dla gospodarek rozwijających się ze względu na ich specyficzne problemy i warunki gospodarcze, które są specyficzne dla danego kraju. To właśnie ta specyfika jest odpowiedzialna za niejednorodny charakter pośrednich szacunków, uzyskanych w badaniu Barhoumi (2005) na temat kilku krajów rozwijających się. Podkreśla to potrzebę przeprowadzenia większej liczby badań na ten temat dla poszczególnych krajów, tak aby w większym stopniu przyczynić się do debaty i pomóc w sformułowaniu odpowiedniej polityki pieniężnej.

Badanie to z pewnością będzie przydatne dla decydentów politycznych i menedżerów gospodarki. Zostanie on również znaleziony zaradnie przez naukowców i studentów zainteresowanych tą dziedziną.

1.7 Zakres badań

Niniejsze opracowanie bada transmisję wpływu zmian kursów walutowych na ceny krajowe w Nigerii. Badanie obejmuje okres od 1982 do 2012 roku. Okres badań jest uważany za wystarczająco długi, aby obiektywnie ocenić tę zależność. Okres studiów zbiega się również w czasie z epoką gwałtownych zmian kursu wymiany naira. Data końcowa 2012 roku została poinformowana o dostępności danych w momencie ich analizy.

1.8 Plan badania

Kolejność tego badania jest prosta. Składa się z pięciu rozdziałów. Rozdział pierwszy (1) zajmuje się wprowadzeniem. W kolejnym rozdziale drugim (2) omówiono przegląd literatury i ramy teoretyczne. Kwestie związane z oszacowaniem i danymi są przedmiotem zainteresowania w rozdziale trzecim. Wyniki empiryczne omówiono w rozdziale czwartym (4), natomiast rozdział piąty (5) zamyka badanie podsumowaniem i wnioskami.

ROZDZIAŁ DRUGI: PRZEGLĄD LITERATURY I RAMY TEORETYCZNE

2.1 Ramy koncepcyjne

2.1.1. Kurs wymiany

Kurs walutowy jest terminem stosowanym do określenia ceny waluty obcej w jednostkach waluty krajowej lub odwrotnie, ceny waluty krajowej w jednostkach waluty obcej (Clerk et al 1993). Jest to cena jednej jednostki waluty obcej w przeliczeniu na walutę krajową (Jhingan, 2003). Jak każdy inny towar, również waluty mogą być sprzedawane i kupowane na rynku. Jedyna różnica polega na tym, że dwie różne waluty są wymieniane głównie w systemie barterowym bezpośrednim, jedna dla drugiej bez pośrednictwa waluty pomiędzy nimi. Mówiąc prościej, kurs, po którym jedna waluta jest wymieniana na drugą, nazywa się kursem wymiany.

Bardziej formalnie, Pilbeam (1998) zdefiniował kurs walutowy jako "cenę jednej waluty w kategoriach innej". W swojej książce o finansach międzynarodowych wymienia dwa sposoby wyrażania kursu walutowego. Są to jednostki waluty krajowej na jednostkę waluty obcej i jednostki waluty obcej na jednostkę waluty krajowej. Jedno jest dokładnie odwrotne od drugiego. W niniejszym opracowaniu kurs walutowy jest definiowany w jednostkach waluty obcej na jednostkę waluty krajowej. Tak więc wzrost kursu walutowego odnosi się do aprecjacji/przeszacowania waluty krajowej i odzwierciedla wzrost wartości waluty krajowej. Kurs walutowy może być nominalny lub rzeczywisty, a każdy z nich może mieć własne znaczenie dla analizy ekonomicznej. "Kurs walutowy obowiązujący w danym dniu jest znany jako kurs nominalny" (Pilbeam, 1998). Zazwyczaj jest on wyrażony w postaci wskaźnika z danego okresu. Nominalny kurs walutowy (NER) nie ma nic wspólnego z siłą nabywczą waluty ani z konkurencyjnością krajów na rynkach międzynarodowych (Pilbeam, 1998). W przypadku tych ostatnich zastosowań należy skorygować nominalny kurs walutowy o pewne zmiany. Wynikiem tej korekty jest znalezienie tzw. realnego kursu walutowego (RER). "Rzeczywisty kurs walutowy to nominalny kurs walutowy skorygowany o zmiany cen względnych między rozważanymi krajami" (Pilbeam, 1998). Jeżeli E_n przedstawia nominalny kurs wymiany w formie indeksu, a Pd i Pf reprezentują odpowiednio poziomy cen krajowych i zagranicznych, rzeczywisty kurs wymiany (E_r) można zdefiniować w następujący sposób.

$$E_r = E_n \cdot P_d / P_f \qquad (2.1)$$

Definicja ta może przedstawiać rzeczywisty kurs walutowy w kategoriach zewnętrznych lub wewnętrznych.

"(a) w kategoriach zewnętrznych, nominalny kurs walutowy jest korygowany o różnice w poziomie cen pomiędzy krajami (tzn. jako stosunek zagregowanego poziomu cen krajowych do zagregowanego poziomu cen lub poziomu kosztów w obcym kraju mierzonych we wspólnej walucie), lub (b) w kategoriach wewnętrznych, stosunek ceny krajowej towarów niepodlegających wymianie handlowej do ceny towarów podlegających wymianie handlowej jest rozpatrywany w ramach jednego kraju. Pierwsza z tych koncepcji RER wywodzi się pierwotnie z teorii parytetu siły nabywczej (PPP). Drugi wywodzi się z modeli gospodarek zależnych lub modelu Saltera-Swana" (Montiel i Hinkle 1999).

Rzeczywisty kurs walutowy jest w niniejszym opracowaniu zdefiniowany w kategoriach zewnętrznych. Metoda ta została wybrana ze względu na to, że może zawierać drugą definicję. Jest to możliwe, gdy poziom cen krajowych [Pd] jest silnie ważony przez towary niehandlowe [jeżeli jest mierzony za pomocą wskaźnika cen konsumpcyjnych], a poziom cen zagranicznych [Pf] jest silnie ważony przez towary handlowe [jeżeli jest mierzony za pomocą wskaźnika cen hurtowych] (Herberger 2003).

Powyższy wzór przedstawia względną wartość dwóch walut. To znaczy, że jest to środek dwustronny. Ale w rzeczywistości dany kraj zazwyczaj handluje z więcej niż jednym krajem. Oznacza to, że przy określaniu względnej pozycji gospodarki krajowej należy brać pod uwagę kurs wymiany ze wszystkimi innymi walutami. Kurs walutowy, który uwzględnia względne znaczenie wszystkich partnerów handlowych, nazywany jest wielostronnym lub efektywnym kursem wymiany (Pilbeam, 1998). Względne znaczenie partnerów handlowych może być ważone na podstawie wielkości przywozu z nich lub wywozu do nich, lub średniej z tych dwóch (Asmerom, 1994). Przy zastosowaniu tej samej procedury, co powyżej, nominalny efektywny kurs wymiany może być przeliczony na rzeczywisty efektywny kurs wymiany (REER). "Real Effective Exchange Rate jest miarą tego, czy dana waluta aprecjatuje lub deprecjonuje w stosunku do ważonego koszyka walut obcych" (Pilbeam 1998). W związku z tym rzeczywisty efektywny kurs wymiany można ustalić na podstawie rzeczywistego kursu wymiany lub nominalnego efektywnego kursu wymiany. Rzeczywisty efektywny kurs walutowy, który jest pochodną rzeczywistego kursu walutowego jako średniej ważonej walut wszystkich partnerów handlowych danego kraju, jest określony przez następujące wyrażenie w Montiel i Hinkle (1999).

$$REER=\Pi_{i=1}^{m} [_{En\ PGd}]\omega id\ 1/_{PGf} \quad (2.2)$$

Gdzie *m oznacza* liczbę partnerów handlowych lub konkurentów z kraju macierzystego i oznacza iloczyn terminów klamrowych nad krajami *m*. $_{PGd}$ i $_{PGf}$ *reprezentują* poziomy cen towarów krajowych i zagranicznych. Metoda uśredniania geometrycznego jest stosowana, gdy ωid jest odpowiednią wagą dla każdego obcego kraju *i* (*i=1... m*) i sumą wag równą jednej$\sum_{i=1}^{m}(\omega id)$.

We wszystkich powyższych przypadkach wykazano, że ceny muszą być wyrażone w postaci wskaźników.

Asmerom (1994) zidentyfikował pięć rodzajów wskaźników cen, które potencjalnie mogą być wykorzystywane do przeliczania NIGDY na NIGDY. Są to: wskaźnik cen towarów i usług konsumpcyjnych, wskaźnik cen hurtowych, wskaźnik kosztów, wskaźnik wartości jednostkowych eksportu i wskaźnik deflatora PKB. W niniejszym badaniu uwzględniono wskaźnik cen konsumpcyjnych stosowany przez Centralny Bank Nigerii do obliczania rzeczywistego efektywnego kursu wymiany.

REER w powyższym wzorze jest definiowany jako funkcja indeksów cenowych, kursu walutowego oraz wagi handlowej. Mały kraj, taki jak Nigeria, może nie być w stanie wpłynąć na ceny zagraniczne i/lub znaczenie handlowe. Może on jednak mieć wpływ na REER poprzez manipulację nominalnym kursem walutowym, ponieważ jego górna i dolna granica są ustalane przez bank centralny w międzybankowym systemie kursów walutowych w Nigerii.

2.1.2 Określenie kursu wymiany

Dla Ojo (1998) celem określenia kursu walutowego jest uzyskanie stabilnej i realistycznej wartości, która jest zgodna z innymi makroekonomicznymi podstawami. Realistyczny kurs walutowy odzwierciedla siłę napływu i odpływu walut, stan rezerw, a także zapewnia równowagę bilansu płatniczego zgodną z poziomem kosztów i cen partnerów handlowych (Ogiji i Ehusani 2003). Ustalanie kursu walutowego stało się zagadnieniem w literaturze ekonomicznej od czasu, gdy międzypaństwowe transakcje handlowe stały się istotne. Od tego czasu ustalanie kursu walutowego zostało wyjaśnione szeregiem zasad.

Teoria parytetu menniczego wyjaśnia określenie kursu walutowego pomiędzy dwoma krajami, które są na poziomie standardu złota. W kraju, w którym obowiązuje standard złota, waluta jest albo wykonana ze złota, albo wymienialna na złoto po stałym kursie. Nie ma również żadnych ograniczeń w przywozie lub wywozie złota. CBN (1998) argumentowała, że ustalanie kursu walutowego ewoluowało od teorii parytetu mennicy w ramach standardu złota. Waluta działa w oparciu o standard złota, gdy dane państwo utrzymuje wartość swojej jednostki monetarnej i wartość określonej wagi złota na równi z innymi. Istnieje swobodny eksport i import złota, w tym transakcje rozliczania płatności międzynarodowych. Całkowita wartość pieniądza dostarczanego do kraju jest określana na podstawie ilości złota dostępnego na cele monetarne (Ojo, 1998). Wynika z tego, że gdy dwa kraje stosują standard złota, ich waluty automatycznie miałyby stały związek ze sobą, określony na podstawie ich zawartości złota. Na przykład, przed II wojną światową (1926-1931) Anglia i waluty amerykańskie były w standardzie złota. Parytet menniczy pomiędzy tymi dwoma krajami wynosił 1 funt w Anglii = 4,866dolarów w Ameryce. Kurs walutowy wykazał, że 1 funt w Anglii zawierał tyle samo drobnego złota co 4,866dolarów zawartych w Ameryce. Stosunek wagi metalu £1:$4,866 został nazwany parytetem miętowym. Według Ochendu (2009) złoty standard to powojenny układ, który poprzedzał powstanie instytucji w Bretton Woods w 1945 roku. Odrzuca się go od 1931 roku, kiedy to załamał się złoty standard i obecnie jest on przedmiotem jedynie debat akademickich.

Teoria parytetu siły nabywczej została opracowana przez Gustava Cassela w 1920 roku, aby stworzyć podstawę do określenia względnych wartości walut papieru. W teorii stwierdza się, że równowaga kursu wymiany między dwoma niewymiennymi walutami jest określana przez równość względnej zmiany cen względnych w obu krajach. Według Ugwuanyi (2009) liczba jednostek waluty jednego kraju (np. naira) daje posiadaczowi taką samą siłę nabywczą (tj. dowództwo nad towarami i usługami) jak jedna jednostka waluty drugiego kraju (np. dolar amerykański). PPP może być pomiędzy dwoma krajami, w którym to przypadku jest to porównanie dwustronne, lub parytet pomiędzy krajem a grupą partnerów handlowych, w którym to przypadku jest to porównanie wielostronne. Można wyróżnić dwa rodzaje PPP: absolutne PPP i względne PPP.

Zgodnie z teorią bezwzględnego parytetu siły nabywczej, "równowaga" kursu wymiany między dwoma walutami jest ustalana przez stosunek poziomu cen w obu krajach. Tak więc jeśli towary kosztują więcej w Stanach Zjednoczonych niż w Nigerii (przy cenach w obu krajach wyrażonych w dolarach, przy zastosowaniu dominującego kursu wymiany), naira jest wyceniana niżej w stosunku do dolara. Podobnie, jeśli ceny towarów w dolarach są niższe w Stanach Zjednoczonych niż w Nigerii, naira jest wyceniana wyżej w stosunku do dolara. Wskaźniki cen są niewystarczające do wyliczenia bezwzględnego PPP, więc koszt koszyka towarów i usług jest wykorzystywany. Załóżmy, że koszt koszyka w styczniu 2006 roku wyniósł 60 dolarów w Stanach Zjednoczonych i N6480 w Nigerii. Następnie liczby te implikują parytet siły nabywczej na poziomie 1$ = N 6480/60 = N108, podczas gdy kurs obowiązujący w tym czasie wynosił około 1$ = N 168. Teoria względnego parytetu siły nabywczej według Investopedii stwierdza, że zmiany stóp odzwierciedlają różnice we względnych stopach inflacji. Relatywne PPP dotyczy zatem stosunku kursu równowagi w bieżącym okresie do kursu równowagi w okresie bazowym. Zgodnie z tą teorią, PPP określa się na podstawie stosunku wskaźnika cen krajowych w tym samym okresie, w którym oba wskaźniki mają wspólny okres bazowy. Tak więc, jeśli ceny dolara rosły w Stanach Zjednoczonych wolniej niż ceny naira w Nigerii, dolar powinien być wyceniany w stosunku do naira w porównaniu z kursem wymiany we wspólnym okresie bazowym.

Wraz z postępującą liberalizacją, określanie kursu walutowego jest zakładane na bilansach handlowych krajów handlowych. Zasada bilansu płatniczego stanowi, że w systemie płynnego kursu walutowego cena waluty danego kraju zależy od jego bilansu płatniczego. Korzystny bilans płatniczy podnosi kurs walutowy i na odwrót. Teoria ta zakłada więc, że kurs walutowy jest zdeterminowany przez popyt i podaż walut obcych (Jinghan, 2003).

Zapotrzebowanie na walutę obcą wynika z obciążenia bilansu płatniczego. Jest ona równa wartości płatności dokonywanych na rzecz zagranicy za towary i usługi oraz inwestycji i pożyczek dokonanych za granicą. Odwrotnie, podaż walut obcych powstaje po stronie kredytowej bilansu płatniczego. Jest on równy wszystkim wpływom z zagranicy za sprzedane towary i usługi oraz wydatkom i inwestycjom dokonanym w tym kraju. Bilans płatniczy jest w równowadze, gdy obciążenia są równe kredytom. W tym przypadku kurs walutowy pozostaje stabilny.

Jhingan (2003) określił cztery elastyczności, które są istotne dla określenia stabilnego kursu walutowego w ramach teorii bilansu płatniczego; (i) zagraniczna elastyczność popytu na eksport; (ii) krajowa elastyczność podaży eksportu; (iii) krajowa elastyczność popytu na import oraz (iv) zagraniczna elastyczność podaży importu. Kurs równowagi ma tendencję do utrzymywania się na stabilnym poziomie, jeśli elastyczność popytu jest niska.

2.1.3 Systemy kursów walutowych

Literatura była spójna na temat zakresu systemów kursów walutowych. Dwie główne opcje to system stałego i zmiennego kursu walutowego. Wzdłuż kontinuum rozwijały się warianty systemów kursów walutowych w wyniku podejmowanych w przeszłości prób osiągnięcia realistycznych i zrównoważonych cen walut.

Według Dumoyi (2002), we wczesnej literaturze dotyczącej optymalnych obszarów walutowych próbowano zidentyfikować pewne kluczowe cechy, które uważano za decydujące przy wyborze między stałym i elastycznym systemem kursu walutowego. Niektóre z nich, którym nadano znaczenie, obejmowały: mobilność czynników produkcji, otwartość, mobilność kapitału i dywersyfikację sektora zewnętrznego, geograficzną koncentrację handlu, stopień rozwoju gospodarczego i stopień rozbieżności w stopie inflacji.

Kolejne publikacje budziły poważne wątpliwości co do teoretycznej zależności między cechą charakterystyczną kraju a założonym przypadkiem stałego lub elastycznego systemu kursów walutowych. Te wątpliwości co do cech charakterystycznych, zwłaszcza otwartości gospodarki i rozbieżności w poziomie inflacji, doprowadziły do skoncentrowania się we współczesnej literaturze na trzech szerokich cechach. Należą do nich: charakter zaburzeń, uwzględnienie reputacji i realna elastyczność płac. Te szerokie cechy są często nękane teoretycznymi dwuznacznościami. Większość krajów jest narażona na różne rodzaje zaburzeń zarówno w gospodarce wewnętrznej, jak i zewnętrznej, z których część preferuje kursy stałe, a inne zmienne kursy walutowe, które są charakterystycznie nierealistyczne.

Ogólnie rzecz biorąc, Ajoni (1986) stwierdził, że optymalne zarządzanie kursem walutowym zależy od celów gospodarczych decydentów politycznych, źródeł wstrząsów w gospodarce oraz ruchów kluczowych zmiennych makroekonomicznych. W związku z tym trudno jest określić system, który mógłby być skuteczny i optymalny w każdym momencie. Gdy zmieniają się warunki ekonomiczne, można zakwestionować przydatność istniejącego systemu, powodując tym samym konieczność jego zmiany.

Podczas gdy stały system gwarantuje stabilność procesu decyzyjnego, elastyczny system ma tendencję do bycia niestabilnym i przenosi zewnętrzne wstrząsy na inne podmioty. Zmienna stopa procentowa sama w sobie nie gwarantuje zapobiegania zewnętrznym wstrząsom dla gospodarki krajowej. Ponadto zmienny kurs walutowy niekoniecznie jest samowyrównujący się, ponieważ ostatnie doświadczenia pokazały, że rezerwy są potrzebne do pożądanych korekt.

Problemy związane ze stałymi i elastycznymi systemami zazwyczaj skłaniają osoby zarządzające walutą do przyjęcia połączenia tych dwóch systemów

(Tokunbo i Ahamefule, 2002). To definiuje system hybrydowy. Hybrydowe systemy w literaturze obejmują:

Regulowany system kołków

System ten opiera się na założonej wartości nominalnej, która określa górną i dolną granicę wahań od centralnego kursu walutowego. Chociaż takie górne i dolne poziomy są zdefiniowane, mogą być one zmieniane w miarę zmiany pozycji bilansu płatniczego. System ten funkcjonował przez ćwierć wieku po II wojnie światowej. W ramach tego systemu niektóre kraje zgodziły się na ustalanie ceny swoich walut w stosunku do dolara, a w konsekwencji w stosunku do siebie nawzajem, stąd też system ten stał się znany również jako system dolarowy.

System kołków pełzających

Ten hybrydowy system został opracowany w celu kontroli nierównowagi zewnętrznej i destabilizujących spekulacji. W ramach pełzającego kołka "parytetów ślizgowych i ślizgowych" władze podejmują zaprogramowaną lub stopniową dewaluację zamiast raz na zawsze podejścia do zmiany wartości nominalnej w celu przywrócenia równowagi zewnętrznej

Zarządzany system pływakowy

Zarządzany system unoszenia się na wodzie obejmuje jakąś formę oficjalnej interwencji na ścieżce kursu walutowego, gdy przekracza on pożądany poziom. Stanowi to ostry kontrast w stosunku do czystego pływaka, który pozwala siłom rynkowym dyktować ruchy kursu walutowego.

Aby system odniósł sukces, musi istnieć duża pula rezerw, z której można czerpać w razie potrzeby. Niewystarczająca ilość rezerw jest głównym ograniczeniem dla tego wariantu kursu i często prowadzi do określenia granic, w których system powinien działać. Zaletą tego systemu jest jego względna stabilność.

2.1.4 Przejście kursu wymiany (ERPT)

W ciągu ostatnich trzech dziesięcioleci wzrosło zainteresowanie analizą wpływu ruchów kursów walutowych na ceny krajowe w danym kraju oraz ich wpływu na decyzje polityczne, które musi podejmować bank centralny. Wynika to z faktu, że wysoki poziom inflacji w wielu krajach rozwijających się był powodem do niepokoju ich banków centralnych w połączeniu z faktem, że jednym z głównych czynników warunkujących inflację są ruchy kursów walutowych i stopień wrażliwości cen krajowych na te ruchy. Jest to szczególnie korzystne, gdy dany kraj prowadzi politykę płynnego kursu walutowego i otwartego handlu (Campa i Goldberg 2005: 3). Wzmożony entuzjazm w badaniu przełamywania kursów walutowych (ERPT) wynikał z "układanki dostosowawczej" (Menon, 1994: 197). Friedman (1953) i Johnson (1969) (w Menon, 1995: 197) opowiadali się za przyjęciem elastycznych systemów kursów walutowych na całym świecie po upadku systemu z Bretton Woods i twierdzili, że taki system zapewniłby bardziej efektywny system międzynarodowych dostosowań. Jednak początkowy entuzjazm wobec oczekiwanej równoważącej roli elastycznych kursów wymiany zmniejszył się, ponieważ bilanse handlowe głównych krajów handlowych nadal wykazywały znaczną odporność na zmiany kursów walutowych (Menon, 1995:197). W konsekwencji doszło do szaleńczych poszukiwań w celu wyjaśnienia i rozliczenia tej "układanki dostosowawczej". Przejście kursowe jest wyrażeniem powszechnie stosowanym do opisania wpływu wahań kursów walutowych na jeden z następujących elementów: (1) ceny importowe i eksportowe, (2) ceny konsumpcyjne, (3) inwestycje oraz (4) wielkość handlu (Darvas, 2001: 12). Spośród tych czterech tematów, literatura teoretyczna i empiryczna skupiła się na wpływie zmian kursu wymiany na ceny importowe i eksportowe, ponieważ, po pierwsze, jest to "naturalna podstawa" do badania praktyk cenowych przedsiębiorstw, a po drugie, reakcja cen importowych/eksportowych na zmiany kursu wymiany zazwyczaj poprzedza wszelkie konsekwencje dla cen konsumpcyjnych, inwestycji i wielkości handlu (Darvas, 2001: 12). Kiptui *i in.* (2005: 1) oraz Gosh i Rajan (2006: 1) definiują ERPT jako procentową zmianę cen importowych w walucie lokalnej wynikającą ze zmiany kursu walutowego o jeden procent, czyli zmiany cen krajowych, którą można przypisać wcześniejszej zmianie kursu nominalnego. Inni naukowcy, tacy jak Campa i Goldberg (2002: 5) oraz Mumtaz *et al.* (2006: 1) podają podobną definicję ERPT: jako procentową zmianę cen importowych w walucie lokalnej wynikającą ze zmiany kursu walutowego między krajem eksportującym a importującym o jeden procent.

ERPT odnosi się do transmisji wahań kursów walutowych do cen importowych (eksportowych) określonych towarów w walucie rynku docelowego (Menon, 1994:197). Można je uznać za częściowe lub niekompletne, jeżeli cena importowa wzrośnie o mniej niż jeden procent, ponieważ eksporterzy wchłaniają część zmian kursu walutowego (Boże Narodzenie i Radżan, 2006: 1). Istnienie niepełnego przejścia stanowi podstawę wspomnianej wcześniej "układanki dostosowawczej". Według Barhoumi (2007), ERPT można statystycznie przedstawić jako elastyczność cen importowych w stosunku do zmian kursów wymiany. Zależność tę można przetestować w oparciu o następujące równanie:

$$\Delta pt = \gamma \Delta et + \varepsilon t \quad (2.3)$$

Gdzie $_{pt}$ i $_{et}$ są logarytmem naturalnym ceny importowej i nominalnym kursem walutowym, a εt jest terminem błędu, a γ jest współczynnikiem kursu walutowego. Zakres współczynnika ERPT opiera się na wartości γ. Według Akofio-Sowah (2009:296) odpowiedź "jeden na jeden" cen importowych na zmiany kursów wymiany walut znana jest jako pełna ERPT, a co za tym idzie wartość γ = 1, podczas gdy odpowiedź "jeden na jeden" (γ < l) znana jest jako częściowa lub niepełna ERPT. Koncepcja przenoszenia kursu walutowego była pierwotnie postrzegana jako odnosząca się do wpływu zmian kursu walutowego na ceny importowe. Golberg i Knetter (1997) definiują przejście kursu walutowego jako "procentową zmianę cen importowych w walucie lokalnej wynikającą z jednej procentowej zmiany kursu walutowego między krajami wywozu i przywozu". W przypadku menona (1994 r.), przejście kursu walutowego jest stopniem, w jakim zmiany kursu walutowego są odzwierciedlone w cenach towarów handlowych w walucie krajowej. Alper (2003) spojrzał na przejście kursu walutowego jako na wpływ zmian kursu walutowego na inflację krajową.

Podczas gdy przepływy walutowe od dawna cieszą się zainteresowaniem, z biegiem czasu zainteresowanie to znacznie się zmieniło. Po długim okresie debat nad prawem jednej ceny i konwergencji między krajami, począwszy od końca lat 80. ubiegłego wieku, w badaniach kursów walutowych podkreślano organizację przemysłu oraz rolę segmentacji i dyskryminacji cenowej na różnych geograficznie rynkach produktowych. Ostatnio kwestie przelotowe odgrywają główną rolę w gorących debatach nad odpowiednią polityką pieniężną i optymalizacją systemu kursów walutowych. Debaty te dotyczą kwestii powszechności stosowania cen w walucie producenta (PCP) w stosunku do cen w walucie lokalnej (LCP) w imporcie oraz tego, czy kursy wymiany są endogeniczne dla wyników inflacji w danym kraju. Niskie przełożenie cen importowych oznacza, że nominalne wahania kursów walutowych mogą prowadzić do zmniejszenia efektów zmiany wydatków w krajowej polityce pieniężnej, pozostawiając tym samym politykę pieniężną bardziej skuteczną w reagowaniu na rzeczywiste wstrząsy. Jeżeli wskaźniki przepustowości są endogeniczne dla względnej stabilności monetarnej danego kraju, zakres skuteczności tej polityki monetarnej może być kruchy i zależny od systemu.

Zarówno Ca'Zorzi *et al.* (2007), jak i Aliyu *et al.* (2009) stwierdzili, że potrzeba odpowiednich mechanizmów dostosowawczych do zaburzeń równowagi strukturalnej w wielu krajach rozwiniętych, zwłaszcza po Wielkim Kryzysie w latach 1929-1933, znalazła kulminację w szeroko zakrojonych badaniach nad przełamywaniem kursu wymiany, których głównym celem było określenie nominalnej kotwicy inflacji i oczekiwań inflacyjnych. Znaczenie teorii przełamania kursu walutowego w literaturze ekonomicznej zostało jeszcze bardziej podkreślone od czasu upadku porozumienia z Bretton Woods. Jak powiedziano gdzieś w badaniu, okres rozpoczynający się w 1971 r. charakteryzował się dużymi zmianami kursów walutowych gospodarek światowych. Od tego czasu nastąpił prawdziwy wzrost liczby studiów w tym kierunku. Fakt ten podkreśla powszechne przekonanie, że zrozumienie wpływu ruchów kursów walutowych na ceny pomogłoby ocenić właściwą reakcję polityki pieniężnej na ruchy walutowe. Kurs ERPT jest uznawany przez menedżerów ds. polityki pieniężnej za wywierający znaczący wpływ na skuteczność polityki pieniężnej w rozwiązywaniu problemów związanych z cenami krajowymi, a także na przenoszenie wstrząsów makroekonomicznych i zmienność realnego kursu walutowego. Według An (2006) i Aliyu *et al.* (2009) zrozumienie ERPT ma ogromne znaczenie z trzech kluczowych powodów: po pierwsze, znajomość stopnia i czasu przejścia są niezbędne do właściwej oceny transmisji polityki pieniężnej do cen, jak również do prognozowania inflacji. Po drugie, przyjęcie celu inflacyjnego wymaga wiedzy na temat wielkości i szybkości przekładania się kursu walutowego na inflację. Wreszcie, stopień przenikania kursu walutowego ma istotny wpływ na efekty "zmiany wydatków" wynikające z kursu walutowego.

Wzdłuż swojego kontinuum kurs wymiany został opisany jako nieograniczony, pełny lub całkowity; oraz częściowy, ograniczony lub niepełny. Reakcja cen krajowych na zmiany kursów walutowych jest określana jako pełne lub całkowite przeniesienie kursu walutowego, natomiast reakcja cen krajowych na zmiany kursów walutowych mniejsza niż reakcja indywidualna jest określana jako częściowe, niepełne lub ograniczone przeniesienie kursu walutowego (Kiptui *i in.* 2005). Tradycyjne myślenie w ekonomii i modelach bilansu płatniczego zakłada w uproszczeniu, że ceny dóbr handlowych raz wyrażonych w tej samej walucie są jednakowe we wszystkich krajach, to znaczy, że obowiązuje warunek parytetu siły nabywczej (PPP). Z empirycznego punktu widzenia założenie to znalazło jednak na ogół niewielkie poparcie, przynajmniej w przypadku małych próbek oraz w krótkim i średnim okresie. Zgodnie z tymi dowodami, literatura teoretyczna opracowana w ciągu ostatnich dwóch dekad dostarczyła różnych wyjaśnień na temat tego, dlaczego ERPT jest niekompletny. Podsumowując, determinanty ERPT nie są takie, które pozwalają na całkowite przeniesienie szoków w ruchu walutowym do cen w różnych krajach.

2.1.5 Czynniki warunkujące przejście kursu wymiany

Literatura jest pełna argumentów na temat zakresu czynników, które decydują o szacunkach ERPT. Aliyu *et al.* (2009) uznali poglądy Olivei (2002) oraz Campa i Goldberg (2005), że zasadniczo trzy czynniki mogą decydować o zakresie przejścia kursu wymiany na ceny krajowe: zachowanie cenowe eksporterów w krajach produkujących, reakcja narzutów na warunki konkurencji oraz istnienie kosztów dystrybucji, które mogą stanowić klin między cenami importowymi a detalicznymi. Na przykład, gdy kurs wymiany ulega zmianie, przedsiębiorstwa zagraniczne mogą zdecydować się na pełne przeniesienie zmian kursu wymiany na swoje ceny sprzedaży na rynkach eksportowych (całkowite przeniesienie), na poniesienie zmian kursu wymiany w celu utrzymania cen sprzedaży na niezmienionym poziomie (zerowe przeniesienie) lub na pewne połączenie tych zmian (częściowe przeniesienie). W rzeczywistości kurs wymiany jest daleki od zakończenia. Goldberg i Knetter (1997) twierdzili, że "reakcja cenowa równa jest połowie zmiany kursu walutowego". Odkryli oni, że tylko około 60 procent zmian kursów walutowych jest przenoszonych na ceny importowe w Stanach Zjednoczonych.

Głównym wytłumaczeniem niepełnego przejścia jest to, że wiele przedsiębiorstw importujących i eksportujących decyduje się utrzymywać swoje ceny na stałym poziomie i po prostu obniżać lub zwiększać narzut cenowy, gdy zmienia się kurs walutowy. Tak więc wysokość kursu wymiany zależy przede wszystkim od charakterystyki rynkowej przemysłu. Przepustowość jest zazwyczaj niska w konkurencyjnych branżach, które produkują jednorodne towary, gdzie producenci konkurują głównie na podstawie ceny. Obecność dużej liczby producentów sprzedających podobne towary zapewnia konsumentom wybór wielu substytutów, co sprawia, że są one stosunkowo wrażliwe na ceny. Konkurencja rynkowa i elastyczny popyt zmuszają producentów do dyscyplinowania swoich zachowań cenowych i ograniczają ich zdolność do przenoszenia rosnących kosztów z powodu wahań kursów walutowych. Dlatego też, gdy waluta krajowa się umacnia, eksporterzy unikają podnoszenia cen w celu utrzymania udziału w rynku. Na przykład wywóz do konkurencyjnych gałęzi przemysłu w Stanach Zjednoczonych, takich jak produkcja samochodów i napojów alkoholowych, charakteryzuje się stosunkowo wysokimi cenami w stosunku do rynku i związanym z tym niższym kursem wymiany, ponieważ eksporterzy starają się zachować udział w rynku (Knetter 1993). To zachowanie cenowe (low pass through) ma negatywny wpływ na rentowność, inwestycje i zatrudnienie w przemyśle (Bodnar i Gentry 1993; Campa i Goldberg 1997; 1999; 2001; 2005).

Natomiast w przemyśle, który wytwarza wyspecjalizowane produkty, które nie konkurują ze sobą wyłącznie pod względem cenowym, wyższy jest wskaźnik przepustowości. Jeżeli dana branża jest bardzo zróżnicowana, a producenci nie mają do czynienia z dużą konkurencją dla swoich produktów, wówczas ceny produktów są mniej wrażliwe na zmiany kursów walutowych. W tej sytuacji ceny na rynku będą niższe, a odpowiadające im przejścia będą wyższe. Branże o wysokim wskaźniku przenikania walut będą zatem mniej zainteresowane kursem wymiany niż branże o niskim wskaźniku przenikania walut, ponieważ mogą one przenosić koszty na konsumentów. Dornbusch (1987 r.) uzasadnił niepełne przejście, ponieważ przedsiębiorstwa, które działają na rynku charakteryzującym się niedoskonałą konkurencją i dostosowują swoją marżę (a nie tylko ceny) w odpowiedzi na szok kursowy. Burstein *i in.* (2005) podkreślili natomiast rolę (niepodlegających wymianie handlowej) środków produkcji krajowej w łańcuchu dystrybucji towarów handlowych.

Ponadto Burstein *i in.* (2005) zwrócili uwagę na problemy z pomiarami w CPI, który ignoruje dostosowanie jakości towarów handlowych do dużej korekty kursu walutowego. Inna linia rozumowania podkreśla rolę, jaką odgrywają władze monetarne i fiskalne, częściowo równoważąc wpływ zmian kursu walutowego na ceny (Gagnon i Ihrig, 2004). Innym ważnym wyznacznikiem ERPT, z teoretycznego punktu widzenia, jest stopień otwartości handlowej danego kraju. Najbardziej bezpośredni związek pomiędzy tymi dwiema zmiennymi jest pozytywny: im bardziej dany kraj jest otwarty, tym więcej ruchów kursów walutowych jest przekazywanych poprzez ceny importowe na zmiany CPI. Obraz staje się jednak bardziej złożony, gdy weźmiemy pod uwagę, że inflacja może być ujemnie skorelowana z otwartością, co empirycznie stwierdził Romer (1993). Prowadzi to do powstania kanału pośredniego, w którym otwartość jest negatywnie skorelowana z inflacją i, biorąc pod uwagę hipotezę Taylora, stopniem przejścia. Kanały bezpośrednie i pośrednie idą w przeciwnych kierunkach, a ogólny znak korelacji pomiędzy przejściem a otwartością może być więc albo pozytywny, albo negatywny.

2.1.6. Kanały przekazywania kursu wymiany

Zakładając, że dominuje system swobodnego przepływu walut, jak to ma miejsce obecnie w Nigerii, konwencjonalna teoria ekonomiczna przewiduje, że zmiany kursu walutowego mają wpływ na ceny towarów handlowych, czyli importu i eksportu. Hyder and Shah (2004: 2), w tym względzie wskazują, że deprecjacja (aprecjacja) kursu walutowego spowoduje wzrost (spadek) ceny krajowej przywozu oraz spadek (wzrost) ceny zagranicznej wywozu. Wpływ wahań kursów walutowych na ceny krajowe może być przekazywany kanałami bezpośrednimi i/lub pośrednimi. Zgodnie z propozycją spółek Hyder and Shah (2004: 1), bezpośrednim kanałem transmisji jest sytuacja, w której zmiany kursów walutowych wpływają na ceny krajowe poprzez zmiany cen przywożonych wyrobów gotowych i przywożonych nakładów. Tak więc, gdy dana waluta ulegnie deprecjacji, ceny importowe będą rosły, a aprecjacja waluty będzie skutkowała niższymi cenami importowymi. W konsekwencji, w przypadku deprecjacji waluty, wyższe koszty importowanych surowców i dóbr kapitałowych wynikające z deprecjacji zwiększą koszty krańcowe i doprowadzą do wyższych cen towarów produkowanych w kraju (Hyder i Shah 2004: 1). Z drugiej strony, firmy importujące wyroby gotowe mogą po prostu podnieść cenę w lokalnej walucie w odpowiedzi na wzrost kosztów zakupu importowanego towaru. W ten sposób można zidentyfikować dwa alternatywne kanały w ramach bezpośredniej transmisji ERPT. Pierwszym kanałem jest przenoszenie zmian kursów walutowych na ceny importowe nakładów produkcyjnych, co wpływa na poziom cen produkcji, a w końcu na poziom cen konsumpcyjnych. Drugi kanał to ten, w którym zmiany kursu wymiany wpływają na ceny importowe wyrobów gotowych, a tym samym na poziom krajowych cen konsumpcyjnych.

Alternatywnie, w przypadku pośredniej transmisji ERPT, deprecjacja waluty, na przykład, wpłynęłaby na wywóz netto, ponieważ towary produkowane lokalnie stałyby się tańsze na rynkach eksportowych. Wzrost popytu zagranicznego na towary lokalne spowodowałby presję wzrostową na ceny krajowe (Hyder i Shah, 2004). Zaczynają się pojawiać dwa alternatywne kanały przejścia. Jeżeli wyżej wymienione towary produkowane lokalnie są przede wszystkim nakładem produkcyjnym, oczekuje się, że poziom cen producenta wzrośnie, a w konsekwencji również poziom cen konsumpcyjnych. Z drugiej strony, jeżeli towary produkowane lokalnie są produktami gotowymi, lokalni producenci i sprzedawcy detaliczni mogą podnieść swoje ceny w odpowiedzi na wzrost cen konkurentów zagranicznych w celu utrzymania marży zysku.

Omówione powyżej bezpośrednie i pośrednie kanały transmisji ERPT zostały zilustrowane na rysunku 2.1 poniżej. Kanały te można jednak dalej podzielić i uprościć na następujące schematy:

↓ER → ↑IMP → ↑PP → ↑CP **Schemat 2.1**

↓ER → ↑IMP → ↑CP **Schemat 2.2**

↓ER → ↑PP → ↑CP **Schemat 2.3**

↓ER → ↑CP **Schemat 2.4**

gdzie ER jest kursem wymiany, IMP oznacza ceny importowe, PP oznacza ceny producenta, a CP oznacza ceny konsumpcyjne. Schematy 2.1 i 2.2 przedstawiają dwa alternatywne kanały transmisji bezpośredniej, natomiast schematy 2.3 i 2.4 przedstawiają dwa alternatywne kanały transmisji pośredniej. Jednakże wielkość, szybkość i asymetria ERPT za pośrednictwem tych kanałów będzie zależeć od kilku czynników, takich jak struktura rynku, polityka cenowa, środowisko inflacyjne, udział towarów i usług nie będących przedmiotem handlu w dystrybucji wszystkich towarów i usług, względny udział importu w koszyku cen hurtowych (WPI) i cen konsumpcyjnych (CPI) oraz dominująca polityka kursowa, między innymi (Hyder i Shah, 2004: 1).

Tę linię rozumowania popiera Lafleche (1996), który twierdził, że kanał pośredni działa poprzez wysoki popyt na towary zastępcze lub sprawia, że wywóz jest bardziej konkurencyjny. Oczekuje się, że w perspektywie krótkoterminowej kurs wymiany będzie niepełny, a w perspektywie długoterminowej całkowity, ponieważ zarówno ceny importowe, jak i konsumpcyjne dostosowują się do deprecjacji kursu walutowego. Streszczenie jego zgłoszenia znajduje się w poniższej ekspozycji graficznej.

Rys.2.1: Bezpośrednie i pośrednie kanały wymiany walutowej Przejście do cen konsumpcyjnych

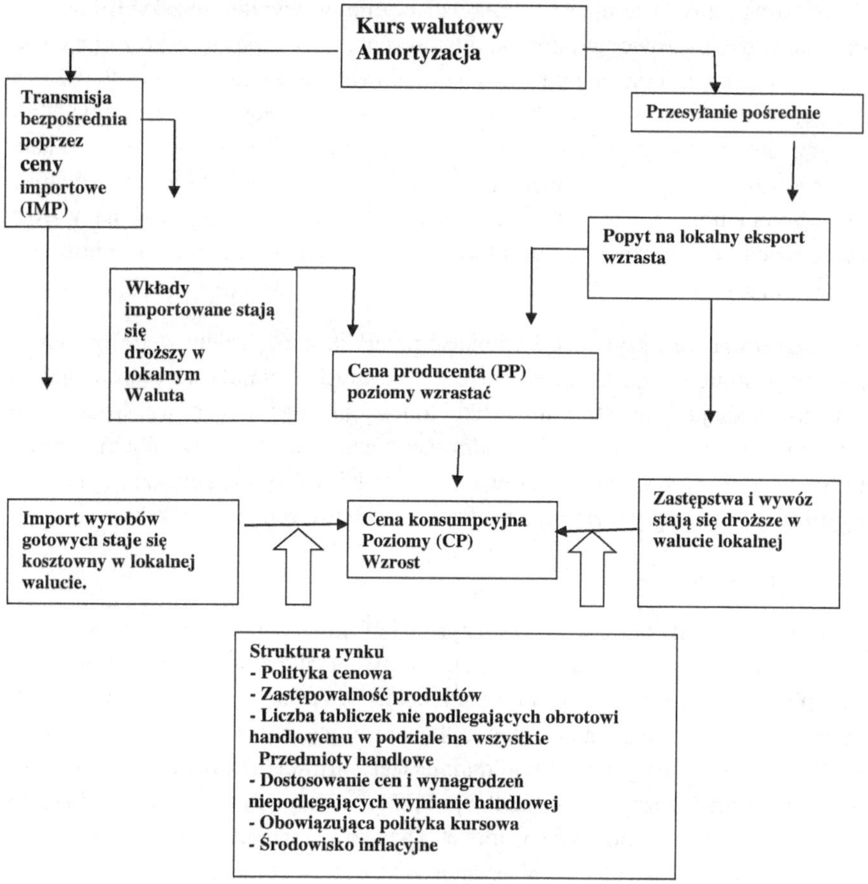

*Źródło: **Przyjęta z Lafleche (1996).***

Omisakin (2009) zawęził pozycję Lafleche'a do gospodarki nigeryjskiej. Dla niego, biorąc pod uwagę, że Nigeria jest gospodarką rozwijającą się, a także otwartą na handel zewnętrzny między innymi krajami, jej gospodarka w żadnym wypadku nie jest odporna na wstrząsy. Dokładniej rzecz biorąc, Omisakin (2009) argumentował, że ze względu na znaczny stopień otwartości na handel zagraniczny poziom cen krajowych w Nigerii jest podatny na wahania kursów walutowych i zmiany cen importowych. Na ceny krajowe można wpływać za pośrednictwem dwóch głównych kanałów - bezpośredniego i pośredniego. Jak wykazano, przy amortyzacji, na ceny wpływają bezpośrednie zmiany cen importowanych wyrobów gotowych i importowanych nakładów, towary te stają się po prostu drogie w ujęciu naira. Ostatecznie, w wyniku wyższych kosztów importowanych surowców i dóbr kapitałowych, zwiększają się koszty krańcowe produkcji, a co za tym idzie, towary produkowane w kraju stają się droższe. Z drugiej strony, w przypadku skutków pośrednich, deprecjacja naira wpływa na wywóz netto, który z kolei wpływa na ceny krajowe poprzez zmianę zagregowanego popytu, wywierając presję na wzrost cen krajowych. Również import konkurencyjnych firm może podnieść ceny w odpowiedzi na wzrost konkurencji zagranicznej w celu utrzymania marży zysku. Przeciwnie jest, gdy naira docenia.

Tymczasem zakres, szybkość i wielkość przejścia kursu walutowego na ceny i produkcję krajową zależą oczywiście od pewnych czynników. Wśród innych czynników znajdują się struktury rynku krajowego, polityka cenowa, środowisko inflacyjne oraz zaangażowanie podmiotów niebędących przedmiotem obrotu handlowego w dystrybucję towarów handlowych itp. Czynniki te albo pogłębiają, albo zmniejszają wpływ zmienności kursów walutowych na ceny krajowe.

2.1.7 Pojęcie inflacji

Koncepcja inflacji początkowo dotyczyła osłabienia pieniądza, zwłaszcza w XVII i XVIII wieku, kiedy to metale szlachetne były nadal używane jako monety w Europie kontynentalnej i Ameryce Północnej (Orubu, 2009). Ze wszystkich metali używanych jako waluta, złoto było najcenniejsze. Rządy lub monarchowie połączyli złote monety z metalami o mniejszej wartości i ponownie wyemitowali je po tej samej wartości nominalnej. Praktyka ta pozwalała na zwiększenie całkowitej ilości emitowanych monet (podaży pieniądza) bez konieczności zwiększania zawartości złota. W ten sposób koszt każdej monety został obniżony, a rząd lub monarchowie odnieśli pewne korzyści ze zwiększenia ilości zapasów. Czyn ten, jak można by wywnioskować, zwiększył podaż pieniądza, ponieważ świadomość społeczna tego osłabienia obniżyła względną wartość każdej metalicznej monety.

Ponieważ względna wartość monet zmniejszyła się, konsumenci potrzebowaliby więcej monet do wymiany na te same ilości towarów i usług. Inflacja ilości pieniądza, która obniżyła jego wartość, była kwestią realną. Inflacja cenowa była więc spadkiem inflacji monetarnej (Okpanachi, 2008). W XIX wieku ekonomiści szeroko rozumieli trzy czynniki powodujące zmiany cen towarów i usług, a mianowicie: zmianę wartości kosztu zasobów, zmianę ceny pieniądza wynikającą głównie z wahań zawartości metalu w danej walucie oraz deprecjację waluty w wyniku wzrostu podaży w stosunku do ilości metalu na nośniku waluty (Orubu, 2009).

W wyniku rozpowszechnienia się prywatnej waluty banknotów drukowanych podczas amerykańskiej wojny domowej (1861-1865), koncepcja inflacji zaczęła się pojawiać jako bezpośrednie odniesienie do deprecjacji waluty - spadku wartości pieniądza (wikipedia). W tym kontekście termin "inflacja" odnosi się bardziej szczegółowo do deprecjacji waluty, a nie do wzrostu cen towarów i usług. Biorąc pod uwagę współczesną definicję inflacji jako stałego wzrostu dostępnej waluty oraz kredytu wykraczającego poza udział towarów i usług, wynika z tego, że podstawowym pojęciem była pierwotnie inflacja pieniężna - wzrost ilości pieniądza w obiegu. Inflacja cenowa, która jest powszechnym zastosowaniem tego pojęcia, wynika zatem z inflacji monetarnej (Mcmahon, 2008).

2.2 Ramy teoretyczne

2.2.1 Prawo jednej ceny (LOOP)

Teoretyczna podstawa, na której opiera się relacja między cenami a kursem wymiany, wyewoluowała z doktryny strony siły nabywczej, będącej pochodną prawa jednej ceny (LOOP). Prawo jednej ceny stanowi, że identyczne produkty powinny być sprzedawane za tę samą cenę wspólnej waluty w różnych krajach. Intelektualna historia tego pojęcia pochodzi od ekonomistów działających we Francji w latach 1760-70, którzy stosowali prawo do rynków zaangażowanych w handel międzynarodowy. Większość współczesnej literatury również ma tendencję do omawiania prawa w tym kontekście. W kategoriach przestrzennych, ten klasyczny paradygmat Prawa jednej ceny postuluje, że transmisja cen jest kompletna z równowagą cen towaru sprzedawanego na konkurencyjnych rynkach zagranicznych i krajowych, różniących się jedynie kosztami transferu po przeliczeniu na wspólną walutę. Gdyby prawo jednej ceny obowiązywało dla wszystkich produktów pomiędzy dwoma krajami, wówczas teoria bezwzględnego parytetu siły nabywczej kursu walutowego obowiązywałaby również dla tych krajów. Założenia, na których opierają się postulaty wersji bezwzględnej, obejmują:

i. Brak barier handlowych między tymi dwoma krajami

ii. Nie istnieją żadne koszty transportu

iii. Chwilowy i beztarciowy arbitraż

iv. Te same towary wchodzą do koszyka towarów o tej samej wadze w każdym kraju.

Jednak założenia te, które stanowią podstawę utrzymania bezwzględnej wersji doktryny o parytecie siły nabywczej, są bardzo restrykcyjne. Według Alpera (2003) założenia te z trudem mogą się utrzymać, jak sugeruje literatura empiryczna. Opracowano więc nieco zmodyfikowaną wersję parytetu siły nabywczej (PPP), a mianowicie relatywny parytet siły nabywczej (PPP). Względny parytet siły nabywczej (PPP) zasadniczo oznacza, że kurs walutowy, poziom cen krajowych i zagranicznych zmieniają się proporcjonalnie.

Wersja bezwzględna PPP jest ogólnie określona jako;

$$Pt = et \cdot pt^* \qquad 2.4$$

Gdzie;

Pt = cena importowa w czasie t

Pt* = światowa cena importowa w czasie t

et = kurs walutowy mierzony w jednostkach waluty krajowej na jednostkę waluty obcej.

Potem;

$et.Pt^*$ = przedstawia cenę importowanego produktu w walucie krajowej.

Relatywny parytet siły nabywczej sugerowałby wtedy;

$$Pt = \alpha et. pt^* \qquad 2.5$$

Gdzie α jest poziom ceny waluty krajowej jako procent poziomu ceny waluty obcej (Gold Berg i Knether, 1997). Można więc powiedzieć, że jeśli parytet siły nabywczej (PPP) utrzymuje się, to wahania kursów walutowych przekładają się na proporcjonalne ruchy w poziomie cen krajowych; tzn. przejście jest równe jednemu (Anaya 2000).

Ustawa o jednej cenie (LOOP) podobnie stanowi, że przenoszenie kursu walutowego na ceny importowe powinno być pełne. Zgodnie z LOOP, przy założeniu bezkosztowego arbitrażu, identyczne produkty byłyby sprzedawane za tę samą cenę wspólnej waluty w różnych krajach. Relację tę ilustruje przykład 2.6. W równaniu, p jest ceną waluty krajowej towaru w kraju H, p* jest ceną waluty obcej towaru w kraju F, a E jest kursem wymiany waluty H na jednostkę waluty F. Tak więc dla dobra *i*:

$$P_i = E\, p_i^* \qquad 2.6$$

Testy empiryczne ważności LOOP dla dobra (*i*) w danym okresie czasu (*t*), zwykle obejmują oszacowanie następującej regresji - gdzie wszystkie zmienne są wyrażone w logach:

$$Pt = \alpha + \delta\, P^*_t + \gamma Et + \varepsilon t \qquad 2.7$$

Jeżeli LOOP trzyma, to Eq.2.7 przewiduje, że $\alpha=0$, $\delta=1$ i $\gamma=1$. Zmiany kursu walutowego zostałyby całkowicie przeniesione na krajową cenę towaru *i*. Stopień przeniesienia kursu walutowego jest szacowany za pomocą równania podobnego do tego podanego w (2.7),

$$Pt = \alpha + \delta\, P^*_t + \gamma Et + \psi Zt\ \varepsilon t \qquad 2.8$$

gdzie (wszystkie zmienne są w kłodach) P jest ceną importową w walucie lokalnej, X jest miarą kosztów eksportera, E jest kursem wymiany (wyrażonym jako waluta importera na jednostkę waluty eksportera), Z jest zbiorem zmiennych kontrolnych, które mogą obejmować zmiany popytu na import, takie jak konkurencyjne ceny lub dochód, a ε jest terminem błędu. Współczynnik przenikania jest reprezentowany przez γ. Hoopera i Manna (1989); Campę i Goldberga (2005); Goldberga i Knettera (1997), mają szacunkowe równania podobne do tych podanych przez równanie 2.6. Z ich ustaleń wynika, że kurs wymiany jest niepełny. Jednym z wyjaśnień jest to, że waluta, w której wyceniany jest przywóz z danego kraju, decyduje o stopniu przejścia kursu wymiany. Argumentowano również, że strategie stosowane w celu ograniczenia wolności handlu między państwami mogą mieć wpływ na szacunki.

Inne wyjaśnienia zostały przedstawione w odniesieniu do mniej niż stuprocentowej reakcji cen na zmiany kursów walutowych. Khundrakpam (2007) wskazuje, że im większy jest udział przywozu w konsumpcji i produkcji, tym wyższy jest stopień przejścia kursu wymiany. An (2006) stwierdza, że w mniejszych gospodarkach odsetek ten jest zazwyczaj wyższy, a niższy w większych, ponieważ eksporterzy zagraniczni są bardziej skłonni do utrzymania udziału w dużych rynkach. Stwierdza również, że im bardziej uporczywy jest szok kursowy, tym większy jest stopień przejścia kursu walutowego.

2.2.1.1 Formalne przedstawienie prawa jednej ceny

Niech P^L i P^C podadzą ceny odpowiednio w Liverpoolu i Chicago. Ponadto obserwujemy również koszty transportu i transakcji, związane z wysyłką towaru z Chicago do Liverpoolu, P^{Tc}. Wszystkie ceny są mierzone w tej samej walucie i jednostkach, na przykład szylingach na kwartał cesarski. To, co zostało wyjaśnione powyżej werbalnie, może być wyrażone formalnie. Prawo jednej ceny skorygowanej o koszty transportu i transakcji zakłada następującą równowagę, która odtąd będzie określana jako Prawo Fundamentalne Tożsamości Jednej Ceny lub FLOPI:

$$P^L = P^C + P^{Tc} \Leftrightarrow \frac{P^L}{P^C + P^{Tc}} = 1$$

W przypadku, gdy oba rynki produkują i mogą handlować towarem w obu kierunkach, prawo jednej ceny stanowi, że różnica w cenie powinna być mniejsza lub równa kosztom transportu i transakcji. FLOPI jest wtedy mniejszy lub równy jednemu. Jeśli różnica w cenie jest większa niż koszty transportu i transakcji, handel zniweluje tę różnicę, jak sugerowano powyżej. Zdarza się, że warunki popytu i podaży krajowej w dwóch gospodarkach produkcyjnych mogą być takie, że różnice cenowe są mniejsze niż koszty transportu i transakcji i nie będzie potrzeby prowadzenia handlu. W tym konkretnym przypadku obie gospodarki są samowystarczalne w zakresie pszenicy.

Sprawa z wieloma rynkami będzie wymagała trzeciego opracowania koncepcji prawa jednej ceny. Spójrzmy na to w świecie trzech rynków, na przykład Chicago, Liverpoolu i Kopenhagi. Załóżmy ponadto, że zarówno Chicago, jak i Kopenhaga zaopatrują Liverpool w ten sam towar, na przykład pszenicę. Jeśli tak, to różnica cenowa między Liverpoolem a Kopenhagą musi być równa kosztom transportu i transakcji między Kopenhagą a Liverpoolem, a różnica cenowa między Chicago a Liverpoolem będzie równa kosztom transportu i transakcji między Chicago a Liverpoolem. Ale co z różnicą cenową między Chicago a Kopenhagą? Okazuje się, że będzie ona zależała od różnicy między kosztami transportu i kosztami transakcji z Chicago do Liverpoolu i z Kopenhagi do Liverpoolu. Jeżeli koszt wysyłki buszla zbożowego z Chicago do Liverpoolu wynosi 7 centów, a z Kopenhagi do Liverpoolu 5 centów, prawo różnicy cenowej między Kopenhagą a Chicago wynosi 2 centy, czyli 7 - 5 = 2. Jeżeli cena wynosi 100 centów za buszel w Chicago, wyniesie ona 107 w Liverpoolu i 102 w Kopenhadze. Tak więc chociaż odległość i koszt transportu między Chicago a Kopenhagą jest większa niż między Chicago a Liverpoolem, to jednak różnica w cenie równowagi jest mniejsza! Argument ten można rozszerzyć na wiele rynków w następującym znaczeniu: różnica cen między dwoma rynkami, które nie prowadzą handlu między sobą, będzie określana na podstawie minimalnej różnicy w kosztach transportu i transakcji między tymi dwoma rynkami na rynku, z którym oba rynki prowadzą handel.

Argument przedstawiony w poprzednim akapicie ma istotne znaczenie dla relacji między odległością a różnicami cenowymi. Często twierdzi się, że różnica między cenami towaru na dwóch rynkach rośnie monotonnie wraz z odległością. Ale jest to prawda tylko wtedy, gdy oba rynki rzeczywiście prowadzą bezpośrednią wymianę handlową. Prawdopodobieństwo, że rynki przestaną prowadzić bezpośrednią wymianę handlową ze sobą wzrasta wraz ze wzrostem odległości i dlatego też rynki długodystansowe będą zazwyczaj powiązane jedynie pośrednio poprzez trzeci wspólny rynek. Stąd paradoks przedstawiony powyżej, że prawo jednej różnicy cenowej między Chicago a Kopenhagą jest mniejsze, pomimo większej odległości geograficznej niż między Kopenhagą a Liverpoolem lub Chicago a Liverpoolem. W rzeczywistości dość łatwo jest wyobrazić sobie dwa rynki w odległości dwóch jednostek, z których oba eksportują na trzeci rynek w odległości jednej jednostki od każdego z nich i cieszą się tą samą ceną pomimo dużej odległości.

2.2.1.2 Efektywne rynki i prawo jednej ceny

Na rynku z arbitrażem i handlem, naruszenie prawa jednej ceny musi być przejściowe. Jednak różnice cenowe często różnią się od prawa jednej równowagi cenowej, która jest FLOPI większa lub mniejsza od 1, więc wygodnie jest zrozumieć prawo jednej ceny jako "równowagi przyciągającej", a nie stałego stanu, w którym ceny i stosunek cen spoczywają. Pojęcie "równowagi atraktorów" można rozumieć w odniesieniu do sił opisanych w poprzednim punkcie. To znaczy, że istnieją siły, które działają, aby przywrócić FLOPI, gdy został poddany wstrząsowi.

Doskonale sprawny zestaw rynków pozwoli na bardzo krótkie naruszenie prawa jednej ceny. Jest to jednak zbyt silny warunek, aby mógł mieć praktyczne znaczenie. Zawsze występują lokalne wstrząsy, których rozprzestrzenienie się na inne rynki wymaga czasu, a zakłócenia informacji spowodują, że globalne wstrząsy będą miały inny wpływ na rynki lokalne. To, jak długo naruszenia mogą się utrzymywać, zależy od stanu technologii informatycznych, od tego, czy rynki działają w oparciu o zapasy i jak konkurencyjne są rynki. Można oczekiwać, że rynki towarowe z telegraficzną lub elektroniczną transmisją informacji, zapasami i brakiem barier wejścia na rynek dla handlowców będą tolerowały jedynie krótkie i przejściowe naruszenia prawa jednej ceny. Wiadomości o zmianie cen na jednym z głównych rynków będą miały natychmiastowy wpływ na ceny w innych miejscach ze względu na korekty zapasów.

Wygodnym ekonometrycznym sposobem analizowania charakteru prawa jednej ceny jako "równowagi przyciągającej" jest tzw. model korekcji błędów. W takim modelu szacowane jest prawo równowagi o jednej cenie. Jeśli rynki nie są dobrze zintegrowane, nie można ustalić ani oszacować FLOPI. Biorąc pod uwagę istnienie długotrwałej lub zrównoważonej relacji cenowej między rynkami, naruszenie jest tak zwaną "innowacją" lub szokiem, który zostanie skorygowany, aby przywrócić równowagę różnicy cenowej. Oto intuicja modelu opisanego poniżej: Załóżmy najpierw, że ceny w Liverpoolu i Chicago są w prawie jednej równowagi cenowej. Następnie, na przykład, cena w Chicago podlega lokalnemu szokowi lub "innowacji", tak że cena w Chicago plus koszty transportu i transakcji przewyższają teraz cenę w Liverpoolu. Dzieje się to w okresie t-1, a następnie cena w Liverpoolu wzrośnie w następnym okresie, t, podczas gdy cena w Chicago spadnie. Ceny w Chicago spadną, ponieważ popyt na dostawy spadnie i wzrośnie w Liverpoolu z powodu spadku podaży, kiedy handlowcy w Liverpoolu przestaną wypuszczać z magazynów zboże w oczekiwaniu na wyższe ceny w przyszłości. Ostatecznie FLOPI = 1 warunek zostanie przywrócony, ale po wyższych cenach zarówno w Liverpoolu jak i w Chicago.

Podsumowując, logika modelu korekcji błędów polega na tym, że ceny w Liverpoolu i Chicago będą reagować w przypadku braku równowagi, czyli gdy różnica cen jest większa lub mniejsza niż koszty transportu i transakcji. W tym przypadku ceny dostosują się tak, że odchylenie od równowagi będzie się zmniejszać. Model korekty błędów jest zazwyczaj wyrażony w różnicach cen kłód. Niech model korekcji błędów w tej wersji będzie podany przez:

$$\Delta p_t^L = \alpha^L \ln\left(\frac{P_{t-1}^L}{P_{t-1}^C + P^{Tc}{}_{t-1}}\right) + \varepsilon^L{}_t$$

$$\Delta p_t^C = \alpha^C \ln\left(\frac{P_{t-1}^L}{P_{t-1}^C + P^{Tc}{}_{t-1}}\right) + \varepsilon^C{}_t$$

W przypadku gdy przyjmuje się, że pojęcia błędu statystycznego są rozłożone normalnie ze średnimi i stałymi odchyleniami. Proszę zwrócić uwagę, że błędy nie są "błędami", które występują w określeniu "model korekcji błędów". Lepszą nazwą dla tego ostatniego byłby "model korekcji szokowej" lub "innowacyjny model korekcji", aby uniknąć nieporozumień i są to tzw. parametry korekcyjne, które wskazują na moc FLOPI jako "równowagi atraktorów". Oczekiwany znak parametru jest ujemny i jest dodatni. Aby to zobaczyć, wyobraź sobie przypadek, w którym wyrażenie w nawiasie powyżej jest większe od jednego. Wtedy cena w Liverpoolu powinna spaść i wzrosnąć w Chicago.

Parametry wskazują tempo, z jakim "innowacje" są korygowane, im większe są parametry dla danej wielkości "innowacji", tym bardziej przejściowe są naruszenia prawa jednej ceny - innymi słowy, im szybciej przywracana jest równowaga. Wielkości parametrów są wskaźnikiem efektywności rynków. Im wyższe są one, tym szybciej zostanie przywrócona równowaga prawa jednej ceny (FLOPI) i tym bardziej wydajne są rynki. (Wartości bezwzględne sumy parametrów nie powinny być większe niż jeden.) Wielkość "innowacji" również ma tendencję do zmniejszania się wraz z rosnącą efektywnością rynków, jak określono powyżej.

Wygodnie jest wyrazić parametry w kategoriach czasu połowicznego trwania wstrząsów. Okres półtrwania szoku mierzy czas potrzebny do zredukowania do połowy pierwotnego odchylenia od prawa równowagi jednej ceny (FLOPI). Okres półtrwania wstrząsów został drastycznie skrócony w handlu wielkogabarytowymi towarami, takimi jak zboże - czyli na odległość powyżej 1500 km. Od XVII do końca XIX wieku okres półtrwania na międzynarodowych rynkach pszenicy został skrócony z maksymalnie dwóch lat do zaledwie dwóch tygodni, o czym świadczy wzrost parametrów dostosowawczych. Główną przyczyną tej dramatycznej zmiany jest poprawa w zakresie przekazywania informacji.

Parametry regulacyjne można również zilustrować graficznie, a na rysunku 2.2. przedstawiono stylizowane charakterystyki szybkości regulacji w handlu pszenicą na długich dystansach i wskazano na spektakularny wzrost efektywności rynku ziarna, szczególnie w XIX wieku. Przeczytaj rysunek 2.2 w następujący sposób. W momencie 0 oba rynki znajdują się w prawie jednej równowagi cenowej (FLOPI), to znaczy ceny na obu rynkach są dokładnie równe (ustalone tutaj arbitralnie na 100), a stosunek cen jest jeden. W tym konkretnym przykładzie graficznym abstrahujemy od kosztów transportu i transakcji. Teraz wyobraź sobie szok cenowy na jednym rynku o 10 procent do 110. Po tym nastąpi proces wzajemnego dostosowania do prawa jednej równowagi cenowej (FLOPI), ale przy wyższych cenach na obu rynkach w porównaniu z sytuacją sprzed wstrząsu. Nowy poziom cen niekoniecznie będzie znajdował się w połowie drogi między poziomem początkowym a poziomem osiągniętym w gospodarce, która została poddana wstrząsowi. Dostosowania mogą być silne na niektórych rynkach, a słabe na innych. Jak widać na rysunku 1, dostosowanie jest bardzo powolne w przypadku Pizy (Włochy) do Ruremonde (Niderlandy). W rzeczywistości nowa ustawa o równowadze cenowej nie zostanie osiągnięta w okresie 24 miesięcy, na który pozwala wykres. Wskazuje to na bardzo niskie, ale wciąż znaczące parametry regulacyjne. Warto również zwrócić uwagę na różnicę w szybkości korekty między handlem przed-telegraficznym Chicago-Liverpool w latach 50. i post-telegraficznym w latach 80. ubiegłego wieku.

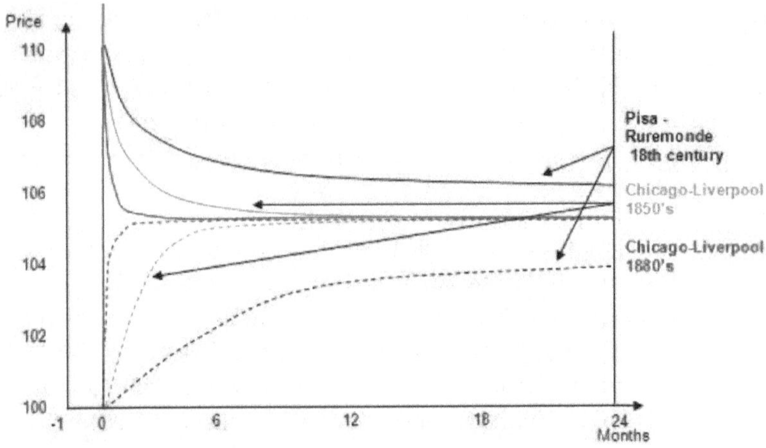

Rys. 2.2: Szybkość dostosowania w przypadku rynków po lokalnym wstrząsie w *przypadkach* **rynków pszenicy na duże odległości w** *latach 1700-1900.* Uwaga: Dane leżące u podstaw konstrukcji pochodzą od Perssona (1988) oraz Ejrnæsa i Perssona (2006).

Warto zauważyć, że szybkie tempo dostosowywania się do prawa jednej ceny rejestrowanej dla pojedynczych towarów w XIX wieku silnie kontrastuje z powolnym dostosowywaniem się wskaźników cen (cen dla ***pakietów*** towarów) w różnych gospodarkach (Giovanini 1998). Niektóre z tych zaskakujących wyników mogą jednak zależeć od braku specyfikacji testów (Taylor 2001).

2.2.1.3 Prawo jednej ceny, ograniczenia handlowe i bariery dla mobilności czynników produkcji

Taryfy mają bardzo duży wpływ na równowagę cenową, podobnie jak na koszty transportu i transakcji, ale czy taryfy wpłyną również na szybkość dostosowania i efektywność rynku, jak określono powyżej? Odpowiedź na to pytanie zależy od poziomu taryf. Jeśli taryfy będą zbyt wysokie, rynek krajowy zostanie odcięty od rynku światowego, a prawo jednej ceny jako "atraktora równowagi" przestanie funkcjonować.

Prawo jednej ceny można oczywiście stosować także do rynków czynników produkcji - czyli rynków kapitału i pracy. W przypadku rynków kapitałowych prawo jednej ceny byłoby takie, że różnice stóp procentowych lub zwrotów z identycznych aktywów będących przedmiotem obrotu w różnych lokalizacjach lub krajach zbiegają się do zera lub są bliskie zeru - tj. stosunek stóp procentowych powinien zbiegać się do 1. Jeżeli występują znaczne różnice w stopach procentowych między gospodarkami, kapitał napłynie do gospodarki z wysoką rentownością i przyczyni się do wyrównania różnic. Oczywiste jest, że ograniczenia międzynarodowego rynku kapitałowego mają wpływ na spready stóp procentowych. Okresy otwartych rynków kapitałowych, takie jak okres Złotego Standardu od 1870 do 1914 roku, były okresami niewielkich i malejących różnic w poziomach stóp procentowych. Jednak rozpad międzynarodowych rynków kapitałowych i wprowadzenie kontroli nad rynkiem kapitałowym w następstwie Wielkiego Kryzysu w latach trzydziestych XX wieku doprowadził do wzrostu spreadów stóp procentowych, które pozostały znaczne również w ramach systemu z Bretton Woods ok. 1945-1971(73) , w którym mobilność kapitału była ograniczona. Dopiero liberalizacja rynku kapitałowego w latach 80. i 90. ubiegłego wieku sprawiła, że różnice w stopach procentowych ponownie osiągnęły poziom tak niski jak sto lat wcześniej. Okresy wojny, kiedy rynki kapitałowe przestają funkcjonować, są również okresami, kiedy wzrastają spready stóp procentowych.

Rynek pracy jest jednak rynkiem, który wykazuje najbardziej uporczywe naruszenia prawa cenowego. Musimy jednak być ostrożni w wykrywaniu naruszeń, ponieważ musimy porównywać wynagrodzenia tak samo wykwalifikowanych pracowników i brać pod uwagę różnice w kosztach utrzymania. Mimo to nadal utrzymują się ogromne różnice w wysokości rzeczywistych płac. Głównym tego powodem jest fakt, że rynki pracy w krajach o wysokich dochodach są chronione przed migracją międzynarodową przez wiele barier. Prawo jednej ceny nie rozwija się pod wpływem ograniczeń w handlu lub mobilności czynników produkcji.

2.2.2 Powiązania teoretyczne

Główną teoretyczną podstawą istnienia przejścia kursu walutowego, jak stwierdził Eckstein i Soffer (2008: 335), jest ustawa o jednej cenie (LOOP) i parytecie siły nabywczej (PPP). Zmiana kursu walutowego, po której nie następuje zmiana ceny towarów w walucie lokalnej, byłaby uważana za odstępstwo od LOOP. Oczekuje się, że mechanizmy popytu i podaży doprowadzą do niezbędnej zmiany cen lokalnych w celu przywrócenia cen zagranicznych i krajowych do tego samego poziomu. Zgodnie z tym założeniem kurs wymiany powinien być całkowity lub bliski 100% w bardzo długiej perspektywie, jeśli gospodarka jest wystarczająco otwarta. Jednak większość badań empirycznych (np. AI-Arbi i Goodwin, 2009; Bussiere i Peltonen, 2008; Devereux i Yetman, 2008; Juniour, 2007; An, 2006; Barhoumi, 2006; Choudhri i Hakura, 2006; Marazzi i Sheets, 2006; Mumtaz *i inni*, 2006; Campa i Goldberg, 2005; Marazzi *i AI*, 2005 i Taylor, 2000) wykazało, że ERPT jest niekompletny w większości krajów.

W latach 90. w wielu krajach obserwowano niską inflację pomimo epizodów dużej deprecjacji waluty (Gagnon i Ihrig (2001), Campa i Goldberg (2002), Marazzi i inni (2005)). Aby wyjaśnić to zjawisko, Taylor (2000 r.) argumentował, że obserwowany spadek przepływów pieniężnych można wyjaśnić niższą i bardziej stabilną inflacją, która doprowadziła do spadku siły cenowej przedsiębiorstw. Choudhri i Hakura (2001), Gagnon i Ihrig (2001), Bailliu i Fujii (2004) przetestowali propozycję Taylora. Ustalenia empiryczne na poparcie związku pomiędzy kursem wymiany a środowiskiem inflacyjnym przemawiają za integracją walutową, ponieważ głównym celem integracji walutowej jest obniżenie stopy inflacji. Niższa stopa inflacji oznaczałaby niższy stopień przenikania kursu walutowego. Takie argumenty, jak przedstawione powyżej, wyraźnie podważają pozycję prawa jednej ceny w stosunku do szacunków pośrednich. Pewne jest jednak to, że kurs walutowy i ceny krajowe są połączone przez LOOP.

2.2.3 Dowody empiryczne pochodzące z gospodarek uprzemysłowionych

Podjęto szereg badań mających na celu zbadanie wielkości i szybkości przejścia ERPT na ceny importowe, producenckie i konsumpcyjne, a także asymetrii przejścia zmian kursu wymiany na ceny importowe w Stanach Zjednoczonych.

Niektóre z popularnie cytowanych amerykańskich badań nad ERPT obejmują prace Woo (1984) i Feinberga (1986, 1991).

Woo (1984) bada zależność między zmianami kursów walutowych a poziomem cen produktów nieżywnościowych i niepaliwowych w USA od 1975 roku: Q2 do 1984: Q1, przy użyciu zwykłej techniki szacowania najmniejszych kwadratów (OLS). Z badania wynika, że zagraniczni producenci wyceniają swoje produkty według popytu i warunków kosztowych w USA z pewną korektą z tytułu wahań kursów walutowych. Jego szacunki dotyczące przejścia kursu walutowego wahają się od około 40 procent przy zastosowaniu indeksu kursowego opracowanego przez Radę Gubernatorów Systemu Rezerwy Federalnej do 70 procent przy zastosowaniu indeksu kursowego opartego na udziałach w imporcie.

Feinberg (1986) zastosował metodę szacowania OLS i stwierdził, że przenoszenie się kursu walutowego na krajowe ceny producenta w Stanach Zjednoczonych jest większe w branżach, które są mniej skoncentrowane i mają większą penetrację przywozu. Feinberg (1991 r.) potwierdza również ustalenia Woo (1984 r.), zgodnie z którymi różne miary kursu walutowego dają różne szacunki. Feinberg (1991) bada ERPT w odniesieniu do krajowych cen producenta w USA w latach 1973-1988, stosując różne indeksy kursów walutowych: indeks kursów walutowych Rezerwy Federalnej opracowany przez Radę Gubernatorów - stosowany przez Woo (1984); szeroki indeks 101 krajów opracowany przez Bank Rezerwy Federalnej w Dallas; oraz 81 indeksów kursów walutowych specyficznych dla branży, ważonych zgodnie z udziałami w imporcie przemysłu.

Mann (1986) zastosował OLS i ujawnił zmienność kursów walutowych jako czynnik decydujący o przełamywaniu się kursów walutowych. Twierdził on, że większa zmienność kursów walutowych może sprawić, że importerzy będą bardziej wojowniczy wobec zmieniających się cen i bardziej skłonni do dostosowania marż zysku, ograniczając w ten sposób przenoszenie zysków.

Dornbusch (1987) wyjaśnił niepełne przełożenie za pomocą modeli regresji wprowadzających stopień koncentracji rynku; stopień jednorodności produktów i względne udziały w rynku przedsiębiorstw krajowych i zagranicznych. Pokazuje on, że jeśli istnieje oligopolistyczna konkurencja, a /lub import i towary krajowe są niedoskonałymi substytutami, przepływy walutowe mogą być mniejsze niż jedność, ponieważ firmy strategicznie modyfikują swoje zachowania cenowe, a konsumenci zmieniają swoje wzorce konsumpcji, aby zwiększyć lub zmniejszyć importowane towary.

Przed badaniem literatury na temat przenoszenia kursów walut Menon (1994), Menon (1993) badał ERPT do cen importowych pojazdów silnikowych w USA, wykorzystując dwustopniowy test kointegracji Engle-Grangera i model korekcji błędów, i stwierdził, że przenoszenie kursów walut do cen importowych pojazdów silnikowych jest niekompletne nawet w długim okresie. Zaproponował on dwa możliwe wyjaśnienia dla niepełnego przejścia: istnienie ograniczeń ilościowych oraz praktyki cenowe dotyczące sprzedaży wewnątrzfirmowej przez firmy międzynarodowe. Spośród badań przeprowadzonych w Menon (1995 r.), 16 bada przejście na ceny importowe, 10 na ceny eksportowe, 13 bada przejście zarówno na ceny importowe, jak i eksportowe, a 3 bada przejście na krajowe ceny producenta. Wyniki badania sugerują, że Stany Zjednoczone mają najwięcej szacunków przejścia, podczas gdy większość krajów znajdujących się w pierwszej dziesiątce "szacunków przejścia według kraju" to kraje europejskie (Menon, 1995: 222). Przełomowe szacunki 12 z 19 małych studiów krajowych pochodzą z jednego opracowania, autorstwa Khosli i Teranishi (1989 w Menon, 1995). Badania zarówno dla krajów rozwiniętych, jak i rozwijających się wykazują mieszane wyniki. Według niego, większość badań sprzed 1995 r. wykorzystywała OLS do szacowania ERPT lub alternatywnie wykorzystywała wielomianowe opóźnienia rozproszone do modelowania reakcji towarów handlowych na wahania kursów walutowych.

Według Obstfelda i Rogoffa (1996 r.) większość towarów będących przedmiotem handlu zawiera znaczne ilości surowców niepodlegających wymianie handlowej, które mogą prowadzić do mniej niż pełnego przejścia. Burstain i inni (2000) twierdzą, że koszty dystrybucji i zastępowanie towarów importowanych towarami lokalnymi niższej jakości może być ważnym czynnikiem braku reakcji cen konsumpcyjnych na kursy wymiany.

Innym popularnie cytowanym badaniem jest Goldberg i Knetter (1997), który stwierdził, że mediana wskaźnika przepustowości w Stanach Zjednoczonych wynosi około 50 procent dla przesyłek do kraju. Jednakże lokalne reakcje cenowe USA na wahania kursów walutowych różnią się w zależności od sektora, a znaczna część wyciszonych reakcji cenowych wydaje się wynikać ze zmian w narzutach na eksport (Goldberg i Knetter, 1997: 1244). Gust *et al.* (2006) również znajdują dowody zgodne z Goldbergiem i Knetterem (1997). Ich szacunkowa wartość przejścia dla lat 80. wynosi około 55 procent dla Stanów Zjednoczonych, co oznacza, że jeśli nastąpi 10-procentowa deprecjacja dolara, zagraniczny eksporter sprzedający na rynek amerykański podniesie swoją cenę w Stanach Zjednoczonych o 5,5 procent (Gust *et al.*, 2006: 2).

Lutz i Reilly (1997) badają ERPT na rynkach samochodowych dwunastu krajów Unii Europejskiej (Belgia, Francja, Niemcy, Irlandia, Włochy, Luksemburg, Holandia, Portugalia, Hiszpania, Wielka Brytania, Austria i Szwecja), stosując hedoniczne ramy cenowe, które kontrolują specyficzne cechy modelu (Lutz i Reilly, 1997: 6). Wyniki wskazują, że we wszystkich dwunastu krajach odsetek ten wynosi znacznie poniżej 50 procent. Ponadto nie ma dowodów na to, że ani względny udział w rynku przedsiębiorstw krajowych, ani nałożenie barier pozataryfowych nie wiąże się z niższym stopniem penetracji rynku.

W przeciwieństwie do ustaleń Lutza i Reilly'ego (1997), wyniki Adolfsona (1997) wskazują, że zachowanie cen rynkowych w większości gałęzi przemysłu jest przyczyną ograniczonego przejścia. Adolfson's (1997) wykorzystał analizę kointegracyjną, która wskazuje dwa wektory kointegracyjne we wszystkich gałęziach przemysłu, pomiędzy cenami importowymi, kursem walutowym, cenami na rynku światowym i cenami krajowymi, aby zbadać określenie szwedzkich cen importowych przy użyciu zdezagregowanych danych miesięcznych z lat 1980-1995 dla ośmiu różnych gałęzi przemysłu. Stwierdzono, że całkowite szacunki dotyczące przenoszenia kosztów wskazują na ograniczone przenoszenie kosztów, a tym samym na zachowanie cenowe w większości gałęzi przemysłu. Szacunki te wahają się od 27% do 160%. Badania linearnych ograniczeń wektorów kointegracyjnych wykazały, że w większości szwedzkich gałęzi przemysłu występuje całkowite, długotrwałe przejście. Stwierdzono, że krótkotrwałe przejście było ograniczone do około 25 procent.

Kim (1998) zastosował model wektorowej korekty błędów do oszacowania ERPT i stwierdził, że w Stanach Zjednoczonych kurs walutowy ma oczekiwany długoterminowy negatywny wpływ na wskaźnik cen producenta (PPI). Jednakże Kim (1998) zauważył, że jednym z ograniczeń tego badania jest to, że nie odnosi się ono do relacji w krótszych horyzontach czasowych, które są bardziej istotne dla polityki pieniężnej.

McCarthy (1999), stosując wektorowy model autoregresywny, stwierdził, że w przypadku małych gospodarek oczekuje się wyższego kursu wymiany w porównaniu z dużymi gospodarkami. W swoim badaniu obejmującym dziewięć krajów uprzemysłowionych McCarthy stwierdził, że przejście było większe w krajach o większym udziale importu w popycie krajowym, jak również w krajach o bardziej stałym kursie wymiany i cenach importowych. McCarthy stwierdził również, że w większości krajów uprzemysłowionych szoki kursowe mają niewielki wpływ na inflację krajową, podczas gdy szoki cen importowych wydają się mieć większy wpływ.

McCarthy (2000) zbadał empirycznie wpływ kursów walutowych i cen importowych na krajowe PPI i CPI w wybranych gospodarkach uprzemysłowionych, do których należą Stany Zjednoczone, Niemcy, Japonia, Francja, Wielka Brytania, Belgia, Holandia, Szwajcaria i Szwecja. Ramy empiryczne badania składają się z wektorowego modelu autoregresji (VAR) obejmującego łańcuch dystrybucji cen. Wyniki badania pokazują, że kursy walutowe i ceny importowe mają niewielki wpływ na inflację cen krajowych w okresie po Bretton Woods. Stwierdza się, że przejście jest silniejsze w krajach o większym udziale importu.

W niektórych opracowaniach podkreślano znaczenie makroekonomicznych uwarunkowań przejścia na kurs walutowy. Taylor (2000) argumentował, że niedawny spadek siły nabywczej lub cenowej wynika z niskiego poziomu inflacji, który został ostatnio osiągnięty w zakresie kursu walutowego i cen w odniesieniu do modelu zachowania przedsiębiorstwa opartego na rozłożonym w czasie ustalaniu cen i monopolistycznej konkurencji. Według niego reakcja ceny przedsiębiorstwa na wzrost kosztów (czy to z powodu amortyzacji, czy też z innej przyczyny) jest silnie związana z utrzymaniem się wzrostu kosztów. Reżimy o wyższej inflacji mają zazwyczaj bardziej trwałe koszty. W związku z tym, w środowisku inflacyjnym stopień przejścia ma tendencję do wzrostu.

Gagnon i Ihrig (2001) zbadali zależność między zmianą tempa przejścia a warunkami polityki pieniężnej w 20 krajach uprzemysłowionych w latach 1971-2000. Badanie zostało oparte na modelu makroekonomicznym, który służy wykazaniu, że gdy władza monetarna zwiększa swój nacisk na zwalczanie inflacji, w szczególności poprzez zmiany w jej funkcji reagowania politycznego, wskaźnik ERPT spada. Podstawowym założeniem modelu makroekonomicznego jest to, że gdy bank centralny działa agresywnie w celu ustabilizowania inflacji krajowej, zacieśni swoją politykę pieniężną, aby zrównoważyć wszelkie bodźce inflacyjne wynikające ze wzrostu cen importowych. Wyniki badania wskazują, że szacunkowe wskaźniki ERPT różnią się w zależności od 20 krajów. Kraje o niskiej i stabilnej stopie inflacji, najprawdopodobniej odzwierciedlającej politykę banku centralnego, mają na ogół niskie szacunkowe wskaźniki przejścia od kursów wymiany do cen konsumpcyjnych.

Devereux i Yetman (2003), podobnie jak Gagnon i Ihrig (2001) argumentowali, że czynniki makroekonomiczne mają decydujące znaczenie dla określenia zakresu ERPT w odniesieniu do cen krajowych, także Devereux i Yetman (2003) argumentowali, że tempo przechodzenia z kursów wymiany na ceny jest przynajmniej częściowo uzależnione od czynników makroekonomicznych, w szczególności od cen lepkich. Proponują one również, aby zakres ERPT był wrażliwy na system polityki pieniężnej, ponieważ lepkość cen jest endogenna dla systemu pieniężnego. Wyniki teoretycznego modelu zastosowanego w badaniu ilustrują, w jaki sposób ERPT jest określony przez strukturalne cechy gospodarki, takie jak utrzymywanie się wstrząsów i stopień lepkości cen w małej otwartej gospodarce. Wyniki empiryczne dostarczają silnego wsparcia dla obecności kleistości cenowej w określaniu stopnia przejścia. Mówiąc dokładniej, zarówno średnia inflacja, jak i średnia deprecjacja kursu walutowego wydają się zwiększać przepływy pieniężne, ale w sposób nieliniowy, jak sugeruje model. Ogólnie rzecz biorąc, dowody z badania zdecydowanie wskazują na potrzebę uwzględnienia ERPT przy projektowaniu polityki pieniężnej.

Choudri i Hakura (2001) zbadali zasadność argumentów przedstawionych przez Taylor (2000), a ich obszerna próba krajów uzasadniała argumenty Tailora. Ich ustalenia potwierdziły pogląd, że średnia stopa inflacji i stopień przejścia jest dodatnio skorelowana.

Darvas (2001) dokonał analizy przejścia kursu walutowego (ERPT) na ceny konsumpcyjne dla czterech krajów kandydujących do Unii Europejskiej przy użyciu systemu modeli OLS. Kraje te to Czechy, Węgry, Polska i Słowenia. Stwierdził on, że (i) w środowisku ukierunkowanym na kurs walutowy zmiana kursu walutowego może być uważana za bardziej trwałą niż w systemie płynnym, co oznacza wyższy stopień przejścia (ii) zmienność jest dominującym czynnikiem w określaniu stopnia przejścia kursu walutowego. (iii) Inflacja i stopień przejścia są dodatnio skorelowane. Doszedł on do wniosku, że wyniki nie są nowe ani zaskakujące, ale ważne, ponieważ obecne myślenie wielu międzynarodowych ekonomistów nie uwzględnia ewentualnej roli kursu wymiany w ograniczaniu inflacji w małych otwartych gospodarkach.

Inny wątek literatury, usytuowany w kontekście nowej makroekonomii otwartej gospodarki, zajmuje się wrażliwością cen konsumpcyjnych na kursy walutowe. Badania te wynikają z najnowszych dowodów empirycznych sugerujących, że nominalne kursy wymiany w niewielkim stopniu wpływają na ceny konsumpcyjne. Engel (2002) twierdzi, że firmy pośredniczące zastępują towary krajowe i zagraniczne w oparciu o zmiany cen względnych, ale ustalają ceny dla konsumentów w sposób, który nie reaguje na zmiany kursów walutowych.

Badanie Campa i Goldberga (2002) 25 krajów OECD w latach 1975-1999 z wykorzystaniem modelu regresji liniowej dostarcza obszernych danych dotyczących cen importowych ERPT dla poszczególnych krajów i szeregów czasowych, jak również daje wgląd w siły leżące u podstaw różnic między krajami w zakresie wskaźników przepustowości i zmian elastyczności przepustowości w czasie, w ramach poszczególnych krajów. Wyniki badania pokazują, że średnie przejście na ceny importowe w 25 krajach OECD wynosi 77 % w perspektywie długoterminowej i 61 % w perspektywie krótkoterminowej, co oznacza, że częściowe przejście na ceny importowe jest najlepszym opisem zdolności reagowania na ceny importowe. W badaniu stwierdzono również, że zmienne makroekonomiczne odgrywają ważną, lecz ograniczoną rolę w wyjaśnianiu różnic między krajami w poziomach elastyczności przejścia. Dowody empiryczne sugerują również, że w niektórych krajach wskaźniki ERPT z czasem uległy obniżeniu. Stwierdza się jednak, że schemat przechodzenia spadku nie jest wspólny dla wszystkich krajów OECD. W badaniu stwierdza się, że spadek cen importowych ERPT można przypisać bardziej powszechnym zmianom w strukturze działalności przemysłowej i handlu niż rodzajom zmian w otoczeniu polityki makroekonomicznej obserwowanym w OECD w ostatnich dziesięcioleciach.

Yang *et al.* (2004) badają międzynarodowy transfer inflacji pomiędzy krajami G-7 z wykorzystaniem analizy wektorowej autoregresji w latach 1973-2003. Wyniki pokazują, że nieoczekiwane zmiany w inflacji USA mają znaczący wpływ na inflację w pozostałych krajach. Podobnie, wstrząsy w innych krajach G-7 mają statystycznie i ekonomicznie istotny wpływ na inflację w USA. Co więcej, ustalenia wskazują, że inflacja w USA stała się mniej podatna na wstrząsy zagraniczne od początku lat 90-tych, głównie z powodu zmniejszonego wpływu Niemiec i Francji.

Campa *i in.* (2005) przedstawiają empiryczną analizę kursów wymiany walut na ceny importowe w latach 1990-2005 w poszczególnych krajach i kategoriach produktów w strefie euro. Wyniki analizy pokazują, że chociaż przenoszenie ruchów kursów walutowych na ceny importowe w krótkim okresie jest wysokie, to jednak jest ono niepełne i różni się w zależności od przemysłu i kraju. Na dłuższą metę, ERPT okazuje się być wyższy i bliski jedności. Co ciekawe, badanie nie znalazło mocnych dowodów statystycznych na to, że wprowadzenie euro spowodowało zmiany strukturalne w ERPT. Chociaż wydaje się, że od czasu wprowadzenia euro spadła szacunkowa elastyczność punktowa, niewiele wskazuje na strukturalną przerwę w przekazywaniu zmian kursu walutowego, z wyjątkiem niektórych gałęzi przemysłu wytwórczego. Stwierdzono również, że zmiany kursów walutowych nadal prowadzą do dużych zmian cen importowych w krajach strefy euro. Campa *i in.* (2005: 25) donoszą, że chociaż ERPT w strefie euro jest wyraźnie niekompletny, to jednak pozostaje on w ponad 60 % w jedną czwartą po zmianach kursu walutowego i w 80 % w pozostałej części roku.

Kardasz i Stollery (2005) badają bezpośrednie i pośrednie sprężystości ERPT dla 37 kanadyjskich sektorów produkcyjnych i ich determinanty, w oparciu o dane roczne za okres 1971-1989. Zastosowali oni dwustopniową procedurę, która składa się z ram VAR i szacunków przy użyciu metody OLS. Wyniki badania wykazały, że elastyczność bezpośrednia i pośrednia są mniej więcej równoważne w przypadku towarów krajowych, chociaż bezpośredni efekt jest dominujący w przypadku przywozu. Ponadto, w przypadku niewielkiej liczby gałęzi przemysłu, wynik netto bezpośrednich i pośrednich skutków jest taki, że deprecjacja waluty krajowej zwiększa konkurencyjność przywozu. Istotnymi wyznacznikami elastyczności bezpośredniej i pośredniej, jak wskazują wyniki, są udział przywozu i bariery pozataryfowe.

Wielu autorów empirycznie badało wrażliwość cen krajowych na zmiany kursów walutowych. Campa i Goldberg (2006) zauważyły, że kurs wymiany wykazuje wyższe przełożenie na ceny importowe niż na ceny konsumpcyjne. Inni empiryczni badacze relacji znajdują różne stopnie pośrednich szacunków; różnorodność ta wynika z zastosowania różnych metodologii i miar cen krajowych i kursu wymiany walut.

2.2.4 Dowody empiryczne pochodzące z gospodarek wschodzących

W gospodarkach wschodzących literatura poświęcona jest raczej przenoszeniu kursu walutowego (ERPT) na krajowe środki inflacyjne. Większość badań empirycznych nie porusza kwestii przenoszenia się cen importowych, chociaż ceny importowe są pierwszym kanałem przenoszenia się kursów walutowych na inflację krajową.

W innym badaniu, Mihaljek i Klau (2001) zastosowali procedurę Ordinary Least Squares (OLS) do trzynastu wybranych wschodzących gospodarek rynkowych. Stwierdzili oni, że kursy wymiany były silniej i jednocześnie bardziej skorelowane z inflacją niż zmiany cen importowych. To ustalenie jest całkowicie sprzeczne z McCarthy'm (1999), który mierzył kurs wymiany dla dziewięciu krajów uprzemysłowionych.

W niedawnym badaniu dotyczącym wschodzących gospodarek rynkowych wykorzystujących OLS, Ho i McCauley (2003) argumentowali, że oczekuje się, iż gospodarki o niższych dochodach wykażą silniejsze powiązanie między kursami walutowymi a cenami krajowymi, a historia wysokiej inflacji podkreśla to powiązanie. Nie stwierdzono istotnej korelacji między otwartością a kursem wymiany. Jako możliwe wyjaśnienie tego ustalenia, argumentowali oni, że otwartość może nie odpowiadać bezpośrednio udziałowi przywożonych towarów we wskaźniku cen konsumpcyjnych. Tak więc, duża i stosunkowo zamknięta gospodarka może mieć wysoki stopień przejścia, jeśli jej import jest końcowym towarem konsumpcyjnym. Jako kolejny czynnik wpływający na wysokie ceny krajowe wskazali oni na rolę poprzednich kryzysów walutowych. Twierdzili oni, że kryzysy walutowe w historii rynków wschodzących mogą zwiększyć saldo lokalnych cen walut obcych w cenach krajowych i płacach oraz mogą doprowadzić do wykorzystania walut obcych w transakcjach, co z kolei może przyczynić się do zwiększenia wrażliwości inflacji krajowej na zmiany kursów walut.

W innym badaniu przeprowadzonym przez Belaisch (2003) dokonano pomiaru przełamania kursu walutowego dla niektórych wybranych miar inflacji w Brazylii. Zgodnie z jego szacunkami, które zostały zrealizowane przy pomocy wektorowego podejścia autoregresywnego, które jest zgodne z metodologią McCarthy'ego (1999), szok kursowy jest w pełni odzwierciedlony w całym indeksie cen sprzedaży w ciągu 12 miesięcy, podczas gdy przejście do indeksu cen towarów i usług konsumpcyjnych osiąga tylko 17 procent w ciągu roku i 23 procent w dłuższej perspektywie. Według niego, dostępność towarów produkowanych w kraju jako substytutów towarów importowanych oraz odczucie, że amortyzacja była tymczasowa, są możliwymi powodami ograniczonego przejścia.

Firma Alper (2003) zastosowała model korekty błędów pojedynczego równania w celu oszacowania przejścia kursu wymiany na ceny krajowe w Turcji w latach 1987-2003. Stwierdził on, że podobnie jak inne gospodarki wschodzące, stopień przejścia na ceny krajowe jest wysoki, a przejście na ceny krajowe zostało zakończone w bardzo krótkim czasie. Czynnikami odpowiedzialnymi za to według niego są kryzysy walutowe i otwartość tureckiej gospodarki.

Frimpong, (2010); Parsley, (2010); Akofio-Sowah, (2009), Karoro et aI, (2009); Mwase, (2005); Bhundia, (2002); Ogun, (2000); Leith (1991)]. Leith (1991) testował kurs walutowy i ceny w ramach współintegracji dla małej otwartej gospodarki, Botswany. Stwierdził, że w przeciwieństwie do dużych krajów uprzemysłowionych, zmiany kursów walutowych i poziomu cen zagranicznych całkowicie przechodzą na ceny krajowe. Korekta nie jest jednak natychmiastowa; stwierdzono, że okres półtrwania wynosi piętnaście miesięcy.

Canetti i Greene (2000) oddzielili wpływ wzrostu pieniężnego od zmian kursu walutowego na dominujące i prognozowane stopy inflacji. Próba obejmuje dziesięć krajów afrykańskich: Gambia, Ghana, Kenia, Nigeria, Sierra-leone, Somalia, Tanzania, Uganda, Zair i Zambia. Korzystając z analizy autoregresji wektorowej, sugerują one, że dynamika monetarna dominuje nad poziomem inflacji w czterech krajach, podczas gdy w trzech - deprecjacja kursu walutowego jest czynnikiem dominującym.

Ogun (2000) przeprowadził badania empiryczne nad ERPT i cenami eksportowymi w małej, półotwartej gospodarce w Nigerii. Jak ceny eksportowe reagują na zmiany kursów walutowych. Wykorzystywał dane kwartalne z lat 1986-1995, stosując metodę najmniejszych kwadratów (OLS). Uzyskane wyniki wskazują, że tylko 93% zmian kursów walutowych znajduje odzwierciedlenie w cenie eksportowej wyrobów przemysłowych. Autor przypisał to faktowi, że 75% danych zostało wygenerowanych z powodu braku dostępności danych. Jego analiza wskazywała na istnienie segmentacji rynku w sektorze eksportu wyrobów przemysłowych kraju. Autor wyjaśnia, że cena wytworzonych przedsiębiorstw eksportowych dyskryminuje rynek krajowy i eksportowy, w związku z czym zmiany kursu wymiany mogą zazwyczaj nie być w pełni odzwierciedlone w cenie krajowej wytworzonych towarów eksportowych danego kraju.

Bhundia (2002) przeprowadziła dochodzenie empiryczne w sprawie ERPT w Republice Południowej Afryki, które koncentrowało się na inflacji CPIX z wykorzystaniem danych miesięcznych z lat 2000-2001 w ramach modelu strukturalnej auto regresji. Ten okres został wybrany tak, jak wtedy, gdy polityka pieniężna miała największy wpływ na inflację. Uzyskane wyniki wskazują, że średnia przepustowość jest niska, jednak dla wstrząsów nominalnych wydaje się być znacznie wyższa. Średnio, osiem kwartałów po 1 % szoku na NIGDY, spowoduje wzrost CPIX o 0,12 %, co daje elastyczność przejścia na poziomie 12 %. Należy również zauważyć, że szoki kursowe powodują stały wzrost poziomu CPIX w czasie.

Mwase (2006) badał wpływ zmian kursów walutowych na ceny konsumpcyjne w Tanzanii przy użyciu modeli strukturalnych VAR z danymi kwartalnymi z 1990 r: Q 1 do 2005: Q l. Analiza została przeprowadzona z wykorzystaniem całego okresu oraz poprzez podzielenie próby na okresy przed i po 1995 r: Q3. Zrobiono to, aby przeanalizować, jak ewoluowały przejścia w latach 90-tych. Pierwsza próba uchwyciła okres charakteryzujący się pasywną polityką pieniężną z wysoką i zmienną inflacją, natomiast druga okres charakteryzujący się deprecjacją oraz malejącą i stabilną inflacją. Wyniki za cały okres wskazują na znacząco niski poziom przejścia z 10% aprecjacją kursu walutowego, co powoduje spadek inflacji o 0,05. Wyniki podpróby wskazały na znaczny spadek krótkookresowego wskaźnika ERPT do inflacji w drugiej próbie. Wyniki pierwszego okresu reakcji impulsowej wskazywały, że w okresie 1990 r. nastąpił spadek wartości o 10%: 1 kwartał do 1995 r. :3 kwartał powoduje wzrost inflacji o 0,17%, przy czym efekty pass-through wzrosły do 0,89% w 12 okresach. Natomiast okres po roku 1995:3 wykazał, że 10-procentowa deprecjacja wiąże się ze spadkiem inflacji o 0,03%, przy czym efekty pass-through wzrosły do 0,23% w 12 okresach.

Akofio-Sowah (2009) przeprowadził badanie na 27 krajach rozwijających się, 15 w Afryce Subsaharyjskiej i 12 w Ameryce Łacińskiej w celu ustalenia, czy istnieje związek między ERPT a reżimem monetarnym: powiązanie, rada walutowa i dollarizacja kraju. Okres objęty badaniem trwał od 1980 r. do 2005 r. Stwierdził, że ERPT jest niekompletny i ma znaczący wpływ na środowisko inflacyjne. Reżimy, którym udało się zmniejszyć inflację, miały zazwyczaj niższy stopień ERPT. Było to widoczne w krajach COMESA w Afryce, które miały wysoki poziom inflacji powodujący wyższy stopień ERPT w porównaniu z innymi krajami, które autor przypisał przyjętemu systemowi walutowemu. Ameryka Łacińska również wykazała pozytywny związek pomiędzy ERPT a środowiskiem inflacyjnym. Wpływ wielkości i otwartości handlowej na ERPT nie był znaczący zarówno dla Afryki Subsaharyjskiej, jak i Ameryki Łacińskiej, natomiast wpływ zmienności kursów walutowych okazał się pozytywny i znaczący w Afryce Subsaharyjskiej i znacząco negatywny w Ameryce Łacińskiej. Autor wyjaśnia, że jest to spowodowane tym, że ruchy kursów walutowych są postrzegane jako stałe w Afryce Subsaharyjskiej i przejściowe w Ameryce Łacińskiej.

Frimpong (2010) przeprowadził badania na temat ERPT w Ghanie, badając wpływ zmian kursów walutowych na ceny konsumenckie przy użyciu modeli V AR. Korzystał z danych miesięcznych z 1990 roku: Ml do 2009:M2. Ustalenie to wykazało, że ERPT do inflacji w Ghanie jest niekompletny z 1% deprecjacji, co spowodowało wzrost inflacji o 0,025 kwartał po wpływie. Po 12 kwartałach oddziaływania wzrasta i utrzymuje się na poziomie 0,07%. Pokazuje to, że przejście na inflację jest trwałe, co oznacza, że ruchy kursów walutowych mają niewielki, ale długotrwały wpływ na inflację. Na dłuższą metę jednak współczynnik przejścia nie jest znaczący, co wskazuje na niski poziom lub brak ERPT w dłuższej perspektywie.

Ostatnio Parsley (2010) przeprowadził badanie panelowe na temat ERPT w Republice Południowej Afryki, ale na najbardziej zdezagregowanym poziomie. Wybrano dwa odrębne panele danych zdezagregowanych. Pierwszy z nich oparty był na rocznych cenach 158 pojedynczych towarów i usług na poziomie konsumenckim w latach 1990-2000. Drugie miejsce zajęły średnie kwartalne wartości jednostkowe importu dla 26 - 8-cyfrowych kategorii importu z 10 największych partnerów handlowych RPA w latach 1998 - 1 - 2009: Q2 . Autor twierdzi, że zostało to zrobione w celu złagodzenia niektórych problemów z pomiarami i jednoczesnych uprzedzeń występujących w badaniach na poziomach zagregowanych. Uzyskane wyniki wskazują na niskie przejście na ceny konsumpcyjne w przedziale 15-25% w ciągu dwóch lat po zmianie kursu walutowego. Cena importowa jest znacznie wyższa i wynosi średnio około 60% dla 8 z 10 krajów partnerskich.

2.2.5 Dowody pochodzące z Nigerii

Mimo że wiele badań uchwyciło kurs walutowy w kontekście strategicznych determinant inflacji w Nigerii, literatura dotycząca specyfiki przełamywania kursów walutowych odnoszących się do gospodarki nigeryjskiej dopiero zaczyna się rozwijać. Asogu (1991) podjęło dochodzenie empiryczne w oparciu o dziesięć różnych specyfikacji, które obejmowały aspekty inflacji w Nigerii związane z gospodarką pieniężną, strukturalną i otwartą. Podsumowując, wynik oszacowania sugerował, że głównym czynnikiem determinującym inflację w Nigerii jest produkcja rzeczywista, w szczególności produkcja przemysłowa, eksport netto, bieżąca podaż pieniądza, krajowe ceny żywności i zmiany kursów walutowych. Badanie potwierdza zatem znaczenie strukturalnego charakteru gospodarki, gospodarki otwartej i aspektów monetarnych trendu inflacyjnego w Nigerii.

Ajakaiye (1994) podjął również próbę oceny wpływu deprecjacji kursu walutowego na ceny sektorowe w latach 1986/89, wykorzystując wersję modelu cen wejścia i wyjścia w gospodarce takiej jak Nigeria, gdzie ceny są określane przede wszystkim na podstawie pełnych narzutów na koszty. Informuje on, że ciągła deprecjacja kursu wymiany naira przyczyniła się do stałego wzrostu cen sektorowych. Stwierdza on ponadto, że w perspektywie krótkoterminowej wkłady te wydają się być większe niż w perspektywie średnioterminowej, ponieważ w ramach innych polityk, takich jak polityka dotycząca cen ropy naftowej, dokonano przeglądu stóp procentowych pożyczek i cen przywożonych środków produkcji, które spowodowały wzrost cen. Stwierdził on również, że wszystkie ceny sektorowe wzrosły z powodu wpływu deprecjacji kursu walutowego na strukturę cen. Zaobserwowano, że wzrosty cen różnią się w zależności od sektora, tak więc deprecjacja kursu walutowego może powodować względne zmiany cen. Nie spełniły się jego oczekiwania, że deprecjacja kursu walutowego spowoduje wzrost cen zobowiązań handlowych w większym stopniu niż niehandlowych.

W innym opracowaniu Moser (1995) identyfikuje główne determinanty inflacji w Nigerii; przedstawia zarówno model długoterminowy, jak i dynamiczny model korekcji błędów oraz omawia implikacje polityczne wyników. Wszystkie szacunki współczynników miały swoje oczekiwane oznaki. Efekt pieniężny był dość duży i znaczący na poziomie jednego procenta, podczas gdy realny dochód i kurs walutowy również były znaczące na tym poziomie. Natomiast stopa procentowa nie miała na dłuższą metę żadnego znaczenia. Oprócz powyższych oszacowań parametrów strukturalnych w relacji długookresowej, oszacował on również wersję dynamiczną określoną jako model korekcji błędów. Model wykorzystuje informacje z okresu błędu modelu długoterminowego w celu przybliżenia odchyleń od równowagi i przedstawia krótkotrwałą reakcję niezbędną do powrotu systemu do równowagi.

Yahya (2000) stwierdził w swojej pracy, że pomimo zniekształcających skutków wojny domowej, po której nastąpił boom na towary ropopochodne i pęknięcie, doświadczenia inflacyjne Nigerii można ostatecznie przypisać nadmiernemu wzrostowi gospodarczemu. Korzystając z podstawowych ram rachunkowości makroekonomicznej, opracował on ramy dla analizy doświadczeń inflacyjnych Nigerii i stwierdził, że każda polityka dostosowawcza, która nie uwzględnia roli pieniądza i kredytu, prawdopodobnie nie osiągnie ogólnego celu, jakim jest nieinflacyjny wzrost gospodarczy.

Odusola i Akinlo (2001) badają związek między deprecjacją, inflacją i produkcją w Nigerii, przyjmując wektorową autoagresję (VAR) i jej wariant strukturalny. Ich wyniki sugerują zazwyczaj, że przyjęcie elastycznego systemu kursów walutowych niekoniecznie prowadzi do wzrostu produkcji, szczególnie w krótkim okresie. Kwestie takie jak dyscyplina, zaufanie i wiarygodność ze strony rządu (jak argumentowali Dordunoo i Njinkeu, 1997) są istotne. Dowody pochodzące z funkcji reakcji impulsowej i modeli strukturalnej wartości zagrożonej sugerują, że wpływ stopy oprocentowania kredytów i inflacji na produkt był negatywny.

Aliyu *et al* (2009) badali ERPT w Nigerii na podstawie danych kwartalnych za okres 1986-2007. W swoim badaniu VECM stwierdził, że kurs wymiany w Nigerii w okresie objętym przeglądem był niski, chociaż nieco wyższy w przywozie niż w cenach konsumpcyjnych, znaczący i trwały. Przykładowo, szok kursowy w wysokości jednego procenta powoduje, że odpowiednio 14,3 i -10,5 procenta ceny importowe i konsumpcyjne zostaną przeniesione odpowiednio o cztery kwartały wcześniej. To, między innymi, sugeruje, że kurs wymiany w Nigerii spada wzdłuż łańcucha cen, a częściowo obala konwencjonalną mądrość w literaturze, że ERPT jest zawsze znacznie wyższy w gospodarkach rozwijających się i wschodzących niż w gospodarkach rozwiniętych.

W swoim badaniu Oyinlola i Babatunde (2009) wykorzystali test graniczny zaproponowany przez Pesaran et al (2001), oparty na modelu nieograniczonej korekty błędów (UECM), w celu oszacowania przejścia kursu walutowego na zagregowane ceny importowe w Nigerii. Doszli oni do wniosku, że światowa cena eksportowa w znacznym stopniu wpływa na zmiany cen importowych w Nigerii w perspektywie długoterminowej. Jednak w obliczu narastających argumentów w literaturze, że stopień otwartości gospodarki mówi bardzo wiele o wielkości przejścia kursu walutowego na ceny krajowe (Menon, 1995 i Aliyu *i in.* , 2009), rażąca porażka ich modelu, który nie zawierałby zmiennej związanej z tym faktem, czyni ich model nieadekwatnym.

Omisakin (2009) badał przejście kursu walutowego zarówno do poziomu cen krajowych, jak i produkcji w Nigerii, stosując model VAR, który obejmuje łańcuch dystrybucji z rzeczywistymi rocznymi danymi dotyczącymi wybranych zmiennych makroekonomicznych. W jego badaniu ustalono długoterminową zależność między zatrudnionymi zmiennymi, ale nie znaleziono dowodów na to, że zmienność kursów walutowych powodowała inflację i wzrost (zarówno w krótkim, jak i w długim okresie). Jest to sprzeczne z wcześniejszymi badaniami Oladipo (2007) i Oyinlola (2008, 2009), które wykazały znaczący pozytywny wpływ kursu wymiany na ceny krajowe. Korzystając z wyników obliczeń analizy dekompozycji błędów wariancji prognozy, wyjaśnił, że duża część zmienności poziomu cen krajowych, oprócz własnego szoku, wynikała zarówno z podaży produkcji, jak i pieniądza. Badanie to nie uwzględnia w wystarczającym stopniu niektórych istotnych czynników warunkujących przejście przez relację, ponieważ model nie mógł uchwycić roli, jaką odgrywa sektor zewnętrzny.

Oyinlola i Egwaikhide (2011) badali dynamiczną reakcję cen krajowych na zmiany kursów walutowych w Nigerii za pomocą wektorowego modelu korekcji błędów. Stwierdzili oni istnienie długoterminowych relacji równowagi między kursem walutowym a cenami krajowymi, ale odrzucili twierdzenie o takiej relacji w krótkim okresie.

2.2.6 Luka w literaturze

Od kilku lat prowadzone są badania w zakresie przełamywania kursów walutowych. Większość badań znajduje się jednak w rozwiniętych i uprzemysłowionych gospodarkach świata. Mimo że w niektórych krajach Afryki Subsaharyjskiej można znaleźć wątki literatury empirycznej (Bundia, 2002 dla

RPA; Kiptui, Ndolo i Kaminchia, 2005 dla Kenii; Oyinlola i Babatunde, 2007, Aliyu i in., 2009, Omisakin, 2009 dla Nigerii), nadal istnieje pilna potrzeba prowadzenia bardziej szczegółowych badań na temat tych krajów w celu podjęcia ich szczególnych wyzwań. W większości badań nad Nigerią ponownie zastosowano otwarte modele makroekonomiczne oparte na doskonale konkurencyjnych strukturach rynkowych, których nie da się uzyskać w tak rozwijającej się gospodarce jak Nigeria. Na przykład Omisakin (2009) opracował model przejścia kursu walutowego z wykorzystaniem wartości VAR bez uwzględnienia w swoich szacunkach roli ograniczeń w handlu i ścieżki globalnego ruchu cen. Nie uchwycił podatków i wskaźnika cen światowych. Ponownie, poprzednie badania nie uchwyciły od razu wszystkich zmiennych, które teoria sugeruje, że mogą być ważne w równaniu cenowym w Nigerii.

Podczas gdy Oyinlola i Babatude (2007) oraz Oyinlola i Egwaikhide (2011) przechwyciły większość zmiennych za pomocą wektorowego modelu korekcji błędów (VECM). Nie uwzględniły one jednak stopnia otwartości jako zmiennej w swoim modelu. Zmienna ta jest reprezentatywna dla polityki handlowej danego kraju i w literaturze przedmiotu przypuszcza się, że ma poważne konsekwencje dla szacunków pośrednich. Aliyu *i inni* (2009) użyli modelu korekcji błędów wektorowych, ale nie uwzględnili taryfy odpowiadającej opodatkowaniu. Przegląd literatury pokazuje również, że wiele poprzednich badań albo ignorowało potrzebę testowania właściwości szeregów czasowych zmiennych w swoich modelach, albo wykorzystywało metody kointegracji Engle'a i Grangera (1987) lub Johansena (1988, 1991), nie przestrzegając podstawowego założenia, że wszystkie regresory są zintegrowane z $I(1)$ rzędu. Jest to ważne, ponieważ w obecności mieszaniny szeregów stacjonarnych i szeregów zawierających pierwiastek jednostkowy, standardowy wniosek statystyczny oparty na konwencjonalnym teście współczynnika prawdopodobieństwa nie jest już ważny. W niniejszym badaniu wykorzystano VECM i uwzględniono wszystkie zmienne nieobecne w czterech badaniach dotyczących Nigerii.

ROZDZIAŁ TRZECI: METODOLOGIA BADAŃ

3.1 Źródło danych

Dane do tego badania zostały zestawione ze źródeł wtórnych. W szczególności zostały one uzyskane z Biuletynu Statystycznego CBN oraz corocznych publikacji Krajowego Urzędu Statystycznego (NBS) z różnych lat. Dane te zostały oparte na wartościach uzyskanych z wyżej wymienionych publikacji. Tam, gdzie było to wymagane, dane uzyskiwano za pośrednictwem źródeł internetowych.

3.2 Procedura szacowania

Modele badania zostały oszacowane przy pomocy pakietu E-view Econometrics z techniką OLS. Procedury szacowania przyjęte w niniejszym opracowaniu są następujące:

1. Statystyka opisowa serii w modelu

2. Ustalić kolejność integracji zastosowanych zmiennych za pomocą testu Augmented Dickey-Fuller (ADF). To jest test na stacjonarność.

3. Współintegracja zmiennych została przetestowana poprzez zastosowanie testów współintegracji Johansena.

4. Oszacowanie współczynników modelu i dostosowanie równowagi krótko- i długookresowej zostało przeprowadzone za pomocą wektorowego modelu korekcji błędów (VECM).

5.1 Dekompozycja wariancji błędów prognozowanych została zastosowana w celu oddzielenia wkładów do zmienności modelu przez każdą ze zmiennych, natomiast analiza odpowiedzi impulsowej została wykorzystana w celu określenia dynamicznej odpowiedzi serii na wstrząsy uderzające w model.

3.3 Ramy koncepcyjne dla analizy

Istnieją różne modele pomiaru przejścia kursu walutowego na inflację i na ceny importowe. Większość modeli zaobserwowanych w literaturze przyjęła bezwzględne równanie parytetu siły nabywczej;

$$Pt = et._{pt*} \quad 3.1$$

Gdzie;

e_t = kurs walutowy mierzony w jednostkach waluty krajowej na jednostkę waluty obcej.

Pt* = światowa cena importowa w czasie t. Następnie e_t.Pt* przedstawia cenę importowanego produktu w walucie krajowej.

Wynika z tego, że jeżeli parytet siły nabywczej (PPP) lub prawo jednej ceny obowiązuje, to wahania kursów walutowych przekładają się na proporcjonalne ruchy w poziomie cen krajowych; tzn. przejście jest równe jednemu. Ale ponieważ nie ma empirycznych dowodów na poparcie istnienia prawa jednej ceny, co najmniej przy użyciu dostępnych danych, równanie LOOP jest często modyfikowane, aby włączyć zmienne, które mogą ewentualnie wyjaśnić występowanie niepełnego przejścia.

W Goldbergu i Knetter (1997) wprowadzono model generyczny jako;

$$Pt = \alpha_{0} + \alpha_{1} Xt + \alpha_{2} Et + \alpha_{3} Zt + \varepsilon t \qquad 3.2$$

Gdzie; xt jest podstawową zmienną kontrolną (np. ceny importowe)

E_t to nominalny kurs wymiany.

Zt oznacza inne zmienne kontrolne (np. szczelinę wyjściową)

εt to stochastyczny termin.

Większość literatury empirycznej starającej się mierzyć przejście wykorzystuje tę samą lub nieco inną wersję tego równania. W Oyinlola i Egwaekhide (2011) proces generowania cen uwzględniający inne czynniki, takie jak podaż pieniądza, stawka taryfowa została określona w następujący sposób:

$$\ln DPL = \alpha_{0} + \alpha_{1} \ln Y + \alpha_{2} \ln WXP + \alpha_{3} \ln EXC + \alpha_{4} \ln TRF + \alpha_{5} \ln Ms + \varepsilon_t \qquad 3.3$$

Gdzie; D PLt to cena krajowa zastępowana przez wskaźnik cen towarów i usług konsumpcyjnych w czasie t, Yt to PKB w czasie t, WXPt to światowa cena eksportowa w czasie t, EXCt to nominalny efektywny kurs wymiany w czasie t,. TRFt jest taryfą w czasie t, a MSt jest dostawą pieniędzy w czasie t. ε_t jest terminem stochastycznym.

Przegląd literatury dotyczącej charakteru ustalania cen w Nigerii, podobnie jak w powyższym modelu, pokazuje, że oprócz kursu walutowego istotne są również inne czynniki dyktujące jej drogę. Modelowi temu brakuje jednak adekwatności, z którą można by sprawdzić rolę polityki handlowej w kształtowaniu kursu walutowego, przechodząc przez relacje. Został on zatem dalej zmodyfikowany w celu uwzględnienia polityki monetarnej, luki produktowej, presji zewnętrznej, polityki podatkowej i handlowej.

3.4 Model

W żargonie ekonometrycznym, deterministyczny model powyższego skazania jest określony jako;

P = f (EXR, OG, EXTP, MOP, TRP) 3.4

Gdzie;

P = Cena krajowa

EXR = Kurs walutowy waluty krajowej

OG= Luka wyjściowa

EXTP= Ciśnienie zewnętrzne

MOP= Polityka pieniężna

TX = Opodatkowanie

TRP = Polityka handlowa

Ale presja zewnętrzna, polityka pieniężna i handlowa nie może być wyrażona ilościowo. Wprowadzono więc proksięgentów, aby odpowiednio ich reprezentowali. Światowa cena eksportowa jest zatem wyznacznikiem presji zewnętrznej, podaży pieniądza na politykę pieniężną oraz stopnia otwartości i stawki celnej odpowiednio na politykę handlową i podatki. Luka produktowa jest reprezentowana przez PKB. Poprzez zamianę tych pełnomocnictw na równanie 3.2, nowe równanie staje się;

P= f (EXR, PKB, WEXP, MS, TRF, DO) 3.5

Gdzie;

P = Cena krajowa

EXR = Kurs wymiany waluty krajowej

PKB= Produkt krajowy brutto

WEXP=	Światowa cena eksportowa
MS `=	Broad Money supply
TRF=	Stawka celna
DO=	Stopień jawności

Forma ekonometryczna powyższego równania z jego stochastycznym terminem jest więc przedstawiona jako;

$$P = \alpha_0 + \alpha_{1EXRt+} \alpha_{2GDPt+} \alpha_{3WEXPt+} \alpha_{4MSt+} \alpha_{5TRFt+} \alpha_{6DOt+} \varepsilon t3 \quad ,6$$

Przyjmując powyższy model ekonometryczny do oszacowania stopnia przejścia kursu walutowego na ceny krajowe w Nigerii, zastosowane zostanie równanie kointegracyjne, w którym wszystkie szeregi zostaną przekształcone na ich formę logratmiczną. Chatfield (2000) przestrzegał przed transformacją danych, ale zalecał, aby przy przekształcaniu zmiennych mieć bezpośrednią fizyczną interpretację, jak na przykład, gdy wzrosty procentowe są interesujące, konieczna staje się transformacja logarytmiczna.

Forma logratmiczna modelu jest zatem określona jako:

$$lnPt= \alpha_{0+} \alpha_{1lnEXRt+} \alpha_{2lnGDP+} \alpha_{3lnWEXPt+} \alpha_{4lnMSt+} \alpha_{5lnTRFt+} \alpha_{6lnDO+\varepsilon t} \quad 3,7$$

Gdzie; Ln jest logarytmem naturalnym, Pt jest ceną krajową, która ma być zastąpiona przez wskaźnik cen towarów i usług konsumpcyjnych, PKBt jest produktem krajowym brutto w czasie t, WEXPt jest światową ceną eksportową w czasie t, EXRt jest nominalnym efektywnym kursem wymiany w czasie t,. TRFt jest taryfą w czasie t, a MSt jest podażą pieniądza w czasie t, podczas gdy DO jest miarą otwartości. εt to stochastyczny termin. α_1 to krańcowa skłonność do konsumpcji, α_2, α_3 i α_4 to światowa cena eksportowa, kurs wymiany i wskaźnik taryfowy przechodzący na ceny krajowe. α_5 jest to przeniesienie podaży pieniądza na ceny. α_6 jest współczynnikiem stopnia otwartości gospodarczej.

$$\alpha_0, \alpha_1, \alpha_2, \alpha_3, \alpha_4, \alpha_5 \& \alpha_6 \geq 0$$

Teoretyczne oczekiwanie nakłada ograniczenia na oznaki współczynników wektorowych modelu. W związku z tym są one określone jako:

+ +++– +

P = f (PKBWEXP, EXR, TRF, MS, DO) 3.8

Ceteris paribus, wzrost produkcji krajowej prowadzi do wzrostu cen. Ponadto, gdy światowe ceny eksportowe rosną, ceny krajowe są wymuszane, ponieważ dostawcy przenoszą na siebie znaczne dodatkowe koszty, sprzedając swoje produkty po wyższych cenach. Kiedy kurs waluty krajowej spada, ceny krajowe rosną. Współczynnik jest więc podpisany negatywnie na oczekiwaniu *a priori*. W literaturze można znaleźć dowody na to, że stawka celna w bezpośrednio minionym okresie jest dodatnio powiązana z cenami importowymi. Rozszerzenie tej relacji na inne środki cen krajowych oznaczałoby również pozytywną relację. Podaż pieniądza i wskaźnik otwartości są innymi zmiennymi, które powinny mieć pozytywny wpływ na ceny krajowe. Są więc, pozytywnie podpisane.

3.5 Dane Opis

W dążeniu do powiązania kursu wymiany z ceną krajową, w niniejszym badaniu zostaną wykorzystane roczne szeregi danych o następujących zmiennych: E) kurs walutowy, który ma być ujęty przez nominalny efektywny kurs walutowy (spadek jego wartości oznacza deprecjację, a wzrost aprecjację); cena krajowa (P), która ma być ujęta przez dwie miary, czyli: wskaźnik cen konsumpcyjnych (CPI), wskaźnik cen importowych (IMP); podaż pieniądza (M), będzie mierzona przez szeroką podaż pieniądza; kurs taryfowy (TRF), który ma być mierzony przez taryfę przywozową. World Export Price (WEXP) będzie oznaczać wskaźnik cen eksportowych zagranicznych producentów nigeryjskiego importu; jest to średnia ważona wskaźników cen eksportowych dla Chin, Wielkiej Brytanii, USA, Holandii, Francji, Niemiec i Włoch. Stopień otwartości gospodarczej zostanie przekształcony za pomocą eksportu, importu i PKB, a wreszcie dochód (Y) będzie mierzony realnym PKB Nigerii. Dane będą obejmować okres od 1982 do 2012 roku. O wyborze tego okresu decyduje fakt, że zbiega się on w czasie z okresem gwałtownych zmian kursu wymiany naira. Wybór daty końcowej jest uzależniony od dostępności danych.

3.6 Uzasadnienie zmiennych w modelu

Powyższy model ma dochód reprezentowany przez Y. Włączenie tej zmiennej ma na celu uchwycenie wpływu produkcji na sposób ustalania cen w Nigerii. Nie można przecenić roli, jaką międzynarodowy ruch cenowy odgrywa w ogólnym trendzie cen w gospodarkach krajowych. Fakt ten trafnie odnosi się do przypadku Nigerii, ponieważ gospodarka jest napędzana przez sektor zewnętrzny w taki sposób, że wstrząsy ze strony światowych rynków towarowych poważnie wpływają na nasze wpływy z tytułu ropy naftowej i płatności za inne towary.

Włączenie światowej ceny eksportowej do modelu pomaga w wyjaśnieniu wpływu innowacji w cenach światowych na przejście przez równanie. Kurs walutowy jest główną zmienną objaśniającą oprocentowanie. Polityka pieniężna ma bardzo ważną rolę do odegrania w sposobie, w jaki zmieniają się ceny. Wiele modeli kursów walutowych traktowało zatem podaż pieniądza lub jego wzrost jako zmienną. Ma to na celu uwzględnienie roli polityki pieniężnej w relacjach "pass through". Wielkość otwartości poszczególnych gospodarek mówi bardzo wiele o tym, jak bardzo ich przejście przez szacunki byłoby możliwe.

Menon (1995) argumentował, że głównymi czynnikami wpływającymi na stopień przejścia przez poszczególne kraje są wielkość i otwartość poszczególnych gospodarek. Stąd też, jak sugeruje literatura, włączenie do modelu stopnia otwartości. Szacowanie kursu wymiany w Nigerii w ramach otwartego modelu makroekonomicznego o doskonale konkurencyjnych strukturach jest empiryczną wadą zidentyfikowaną w literaturze. Rozwiązaniem tego problemu jest włączenie stawki taryfowej, która oprócz otwartości wzmacnia zdolność modelu do testowania wyrażania polityki handlowej w krajowym ruchu cenowym.

3.7 Metody analizy danych

Opracowano bezwzględny model parytetu siły nabywczej (z modyfikacjami) w celu połączenia cen krajowych (P) z kursem wymiany (EXR), produkcją (PKB), światowym indeksem cen eksportowych (WEXP), szeroką podażą pieniądza (MS), stopniem otwartości (DO) i kursem taryfowym (TRF) w Nigerii za pomocą metody ekonometrycznej zwykłych najmniejszych kwadratów (OLS). Tradycyjnie, właściwości szeregów czasowych danych wykorzystywanych w regresji są badane w celu wyeliminowania wszelkich przypadków regresji fałszywej; dlatego też przyjmuje się test Augmented Dickey-Fuller (ADF) dla pierwiastka jednostkowego w celu określenia kolejności szeregów. Podstawowa statystyka testu jednostkowego ADF jest szacowana w odniesieniu do każdej ze zmiennych w równaniu modelu. Podejście Johansena do analizy kointegracji i modelu korekcji błędów wektorowych (VECM) jest badane w celu określenia liczby wektorów kointegracji (relacje długookresowe) i związanej z nimi krótkookresowej dynamiki.

Wreszcie, w celu określenia udziału każdej ze zmiennych w wariancji w relacjach, zastosowano dekompozycję błędów wariancji prognozowanej oraz analizę odpowiedzi impulsowej. Dane wykorzystane w tym badaniu są wyrażone w logarytmach w celu ustabilizowania wariancji. Dane te są następnie przekształcane w zwroty logarytmiczne w celu uzyskania poprawnych i niepogorszonych wyników ekonometrycznych, ponieważ zwroty logarytmiczne zmiennych początkowych reprezentują stopę zmian tych zmiennych.

3.7.1 Statystyki opisowe i testy diagnostyczne

Wykonano analizę opisową serii i przeprowadzono testy diagnostyczne na resztkach serii w modelu. W rzeczywistości normalny rozkład zmiennych jest wymagany w statystycznej metodzie parametrycznej; stąd też pochylenie i kurtoza dają wskazówki co do charakteru rozkładu zmiennych. Dlatego też do badania normalności danych nieobciętych i przyciętych stosuje się badanie szczątkowe Jarque-Bera. Test Jarque-Bera, szeroko omawiany w Jarque i Bera, (1980) jest diagnostyką odchodzenia od normalności na podstawie próbnej kurtozy i przechylenia. Hipoteza zerowa dla tego testu jest taka, że zarówno nadmiar kurtyny jak i pochylenie są zerowe, czyli dane pochodzą z rozkładu normalnego. Jego odrzucenie wymaga niskiego prawdopodobieństwa, które jest prawdopodobieństwem, że statystyka Jarque-Bera przekroczy obserwowaną wartość.

3.7.2 Test naStationarity

Korzeń jednostkowy jest statystycznym oszacowaniem trwałych zachowań w okresie objętym dochodzeniem (Juselius, 1999). W analizie szeregów czasowych badamy przede wszystkim właściwości stacjonarności danych. W badaniu tym wykorzystano Augmented Dicker-Fuller (ADF) omówiony wyczerpująco w Dickey and Fuller, (1979). Procedura sprawdza stacjonarność serii danych w tym badaniu. Wiąże się to z uruchomieniem regresji pierwszej różnicy w serii w stosunku do serii opóźnionych raz, opóźnionych terminów różnic i opcjonalnie, stały i czasowy trend. Zazwyczaj jest to określone jako:

$$\Delta Y_t = \beta_t + \beta Y_{t-1} + \sum_{i=1}^{p-1} a_i \Delta Y_{t-i} + \varepsilon_t, \quad t = 1, \ldots, T \qquad 3.8$$

gdzie Yt jest badaną zmienną; Δ jest operatorem różnicy, βt jest terminem deterministycznym, który może składać się ze stałej lub dryfu i trendu, β i αi są współczynnikami odpowiednio Yt-1 i ΔYt-i, p jest liczbą opóźnień, a terminy różnic, ΔYt-i dodaje się do autokorelacji wypierającej w terminie resztkowym εt.

Test ADF jest wykonywany na wszystkich zmiennych w modelach z $_{Ho}$: $\beta = 0$ w stosunku do H1: $\beta \leq 0$. Test opiera się na statystyce t współczynnika β, a zatem

$$ADFt = t\beta{=}0 = \frac{\beta}{SE(\beta)} \qquad 3.9$$

gdzie β i SE(β) są odpowiednio wartością szacunkową β i jego szacunkową wartością błędu standardowego. Kryterium decyzji jest to: odrzucamy H_0, jeśli tβ jest mniejsze niż asymptotyczne wartości krytyczne. Odrzucenie H_0 oznacza akceptację stationaryzacji w serii.

3.7.3 Test na współintegrację i VECM

W teoriach oczekuje się, że relacje obejmujące "zintegrowane" lub czasami błędnie rozumiane jako "niestacjonarne" szeregi czasowe mogą przynieść bzdurne wyniki (Granger, 1969; Gujarati i Porter, 2009). Analiza współintegracji ma kluczowe znaczenie dla wydobycia długoterminowych relacji ekonomicznych pomiędzy dwoma lub kilkoma zmiennymi, a także dla uniknięcia pułapki fałszywej regresji. Test ten jest konieczny, ponieważ jeśli dwie niestacjonarne zmienne są nawet współintegrowane, wektorowy model autoregresywny (VAR) przy pierwszej różnicy może prowadzić do błędnej specyfikacji i wprowadzających w błąd wniosków z modelu z powodu wpływu wspólnego trendu (Masih i Masih, 1996). W ten sposób taki szereg czasowy można by modelować w celu uwzględnienia reszt z wektorów w Wektorowym modelu korekcji błędów (VECM). Analiza współintegracji Johansena jest stosowana w celu określenia równań współintegracji pomiędzy zmiennymi. Uzasadnieniem dla tej metody jest to, że odnosi się ona do wszystkich słabych stron podejścia Engle-Grangera, w szczególności do problemów endogeniczności i niezdolności do testowania hipotez dotyczących szacowanych współczynników w długim okresie w celu uzyskania bardziej wiarygodnych wyników. Stanowi to zatem poprawę w tym sensie, że równania korekcji zależności i błędów współintegracyjnych są jednocześnie szacowane, a parametry długo- i krótkookresowe modelu są wspólnie szacowane.

Odpowiedni model współintegracji i korekcji błędów wektorowych (VECM) stosowany w tym badaniu może być napisany jako:

$$\Delta Y_t = a_0 + \alpha\beta' Y_{t-1} + \sum_{j=1}^{p-1} \Gamma_j \, \Delta Y_{t-j} + \varepsilon_t \quad t = 1, \ldots, T, \qquad 3.10$$

Gdzie Yt jest wektorem zmiennych endogenicznych; Δ jest operatorem różnicy; α0 jest terminem deterministycznym (stałym, trendowym, sezonowym itp.); Γ_j jest matrycą współczynnika, charakteryzującą długoterminową dynamikę zmiennych;

$\Delta Yt\text{-}j$ jest dodawany w celu wyeliminowania korelacji szeregowej w terminie rezydualnym. ε_t. ε_t jest seryjnie niepowiązanym błędem stochastycznym. Liczba wektorów kointegracyjnych jest równa randze matrycy $\alpha\beta'$ gdzie β jest matrycą wektorów kointegracyjnych charakteryzujących długoterminowe relacje między zmiennymi, α jest matrycą współczynnika sprzężenia zwrotnego charakteryzującego szybkość dostosowania do równowagi.

W ramach Johansena proponuje się dwa testy statystyczne w celu określenia stopnia kointegracji. Pierwsza z nich znana jest jako statystyka śladowa, podana jako:

$$LR = (H(r) \mid H(K) - T \qquad 3.11$$

gdzie λi to wartości własne ($\lambda i \geq ... \geq \lambda k$), T to liczba obserwacji, a Ln to trend logarytmiczny. Hipoteza zerowa $_{Ho}$: ranga (Π) = r przeciwko alternatywie, H1: ranga (Π) $\geq$ r + 1. Jeśli LR(ślad) jest statystycznie istotny, wówczas hipoteza zerowa zostaje odrzucona.

Druga statystyka badania to badanie maksymalnej wartości własnej, znane jako λmax ($_{ro}$). Jest to ściśle związane ze statystyką śladową, ale wynika ze zmiany hipotezy alternatywnej z $r \geq r+1$ na $r=r+1$. Chodzi o to, aby spróbować poprawić siłę testu poprzez ograniczenie alternatywy do rangi kointegracji, która jest tylko o jeden więcej niż pod hipotezą zerową. Statystyka testu λmax jest:

$$\lambda max\ (_{ro}) = (H(r) \mid H(r+1) = - T\ Ln(1- \lambda r+1) \qquad 3.12$$

Hipoteza zerowa zakłada, że istnieją wektory kointegracyjne, w przeciwieństwie do alternatywy dla wektorów kointegracyjnych r+1. Johansen i Juselius (1990) wskazali jednak, że testowi śladu może brakować mocy w stosunku do testu maksymalnej wartości własnej. W oparciu o moc testu, często preferowana jest statystyka testu maksymalnej wartości własnej. Oznacza to, że nasza analiza kointegracji powinna być oparta na badaniu maksymalnej wartości własnej.

3.7.4 Analiza rozkładu wariancji i reakcji na impuls (Variance Decomposition and Impulse Response Analysis)

Istnieją podejrzenia co do statystycznej efektywności szacunków współczynników z VECM, dlatego też najczęściej naukowcy lepiej radzą sobie z reakcją impulsową i dekompozycją wariancji jako lepszym sposobem analizowania wkładu zmiennych polityki w zmienne docelowe w modelach makroekonomicznych. Szok dla *i-tej* zmiennej nie tylko wpływa bezpośrednio na *i-tą* zmienną, ale jest również przenoszony na wszystkie inne endogeniczne zmienne poprzez dynamiczną (opóźniającą) strukturę VAR. Funkcja reakcji impulsowej śledzi wpływ jednorazowego wstrząsu na jedną z innowacji na obecne i przyszłe wartości zmiennych endogenicznych. Jeśli innowacje są jednocześnie nieskorelowane, interpretacja odpowiedzi impulsowej jest prosta. Innowacja *i-tego* jest po prostu szokiem dla *i-tego* składnika endogenicznego. Innowacje są jednak zazwyczaj skorelowane i mogą być postrzegane jako posiadające wspólny składnik, który nie może być powiązany z konkretną zmienną. Aby zinterpretować impulsy, często stosuje się transformację *P* do innowacji, tak aby stały się one nieskorelowane:

$vt = P_i - (0, D)$

gdzie *D* jest ukośną matrycą kowariancji.

Podejście to zostało zastosowane w niniejszym opracowaniu w celu analizy względnego udziału zarówno kursu walutowego, jak i innych zmiennych w wahaniach poziomu cen. Jak w przypadku każdej standardowej analizy modelu VAR, sposób wprowadzenia zmiennych do modelu jest niezwykle ważny dla interpretacji wyników. W związku z tym w niniejszym badaniu najpierw umieszczono zmienne polityki, a następnie zmienne docelowe. Opiera się to na intuicji ekonomicznej, że zmienne polityki wpływają na zmienne docelowe jednocześnie, podczas gdy zmienne docelowe wpływają na zmienne polityki poprzez system nadgodzin. Można alternatywnie stwierdzić, że zmienne docelowe są "mniej" endogeniczne niż zmienne polityki (Akinlo, 2004).

Podczas gdy funkcje odpowiedzi impulsowej śledzą wpływ szoku jednej zmiennej endogenicznej na inne zmienne w VAR, to rozkład wariancji oddziela zmianę zmiennej endogenicznej od szoku składowej VAR. Tak więc, dekompozycja wariancji dostarcza informacji o relatywnym znaczeniu każdej innowacji losowej w oddziaływaniu na zmienne w VAR. Dla procesu I(0) *yt*, efekty wstrząsów w zmiennych są łatwo widoczne w jego reprezentacji ruchomej średniej Wold (MA),

$$yt = ut + \phi 1ut\text{-}1 + \phi 2ut\text{-}2 \qquad 3.15$$

Matryce współczynników tej reprezentacji można uzyskać za pomocą wzorów rekurencyjnych z matryc współczynników Aj poziomów reprezentacji VAR,

$$yt = A1yt\text{-}1 + {+}Apyt\text{-}p{+}\_vt{+}ut, \qquad 3.16$$

gdzie *vt* zawiera wszystkie terminy deterministyczne (zob. Lutkepohl 1991, rozdział 2). Elementy serwisu ϕ_s mogą być interpretowane jako odpowiedzi na impulsy uderzające w system. W szczególności *ijty* element $_{\phi sgv}$ *cs* reprezentuje oczekiwaną marginalną odpowiedź yit+s na jednostkową zmianę *yjt* przy zachowaniu stałych wszystkich poprzednich wartości procesu. Ponieważ jest to błąd prognozy w yit podany

(yt-1, yt-2......), elementy strony *ϕs reprezentują* odpowiedzi impulsowe komponentów *yt w odniesieniu* do innowacji *użytkowych*. Ponieważ wielkości te są tylko 1-stopniowym błędem prognozy, odpowiednie odpowiedzi impulsowe są czasami określane jako odpowiedzi impulsowe błędu prognozy (Lutkepohl, 1991). W obecnie rozpatrywanej sprawie I(0), *ϕs*. →0 jak s → 1. W związku z tym efekt impulsu z czasem zanika, a zatem jest przejściowy. Te reakcje impulsowe zostały skrytykowane ze względu na to, że podstawowe wstrząsy mogą nie występować w izolacji, jeśli składniki *urządzenia* są natychmiast skorelowane. Dlatego w analizie odpowiedzi impulsowej preferowane są innowacje ortogonalne. Użycie rozkładu Choleski matrycy kowariancyjnej $E(_{utut}) = \sum u$ to jeden ze sposobów na uzyskanie niespotykanych innowacji.

ROZDZIAŁ CZWARTY: PREZENTACJA I ANALIZA DANYCH

4.1 Testy diagnostyczne i statystyki opisowe

Skośność jest miarą asymetrii rozkładu serii wokół jej średniej. Skłonność rozkładu symetrycznego, takiego jak rozkład normalny, wynosi zero. Pozytywne pochylenie oznacza, że rozkład serii ma długi prawy ogon, a negatywne pochylenie oznacza, że rozkład ma długi lewy ogon. **Kurtoza** mierzy szczytowość lub płaskość rozkładu serii. Kurtoza o rozkładzie normalnym wynosi 3. Jeżeli kurtoza przekracza 3, rozkład jest szczytowy (leptokurtowy) w stosunku do normy; jeżeli kurtoza jest mniejsza niż 3, rozkład jest płaski (platykurtowy) w stosunku do normy. **Jarque-Bera** jest statystyką testową służącą do badania, czy dana seria jest normalnie rozłożona. Statystyka testu mierzy różnicę między przechyleniem i kurtozą serii a tymi z rozkładu normalnego. Raportowane prawdopodobieństwo to prawdopodobieństwo, że statystyka Jarque-Bera przekracza (w wartości bezwzględnej) wartość obserwowaną pod hipotezą zerową - mała wartość prawdopodobieństwa prowadzi do odrzucenia hipotezy zerowej rozkładu normalnego (Douglas, William i Samuel, 2005).

Tabela 4.1: Statystyki opisowe

	CPI	WEXP	EXR	PKB	MS	TRF	DO
Mean	22.12828	6.981034	60.08034	4.026207	56.78207	25.10138	21.07345
Mediana	12.90000	7.180000	21.88000	5.310000	21.88000	21.47000	14.81000
Max	72.90000	9.100000	177.0000	21.18000	150.8800	112.5700	71.10000
Min	4.700000	4.840000	0.670000	-10.75000	0.760000	8.900000	-7.800000
Std. Dev.	19.74143	1.141291	61.46604	6.460340	59.30324	20.12722	22.48230
Przechylenie.	0.201941	-0.31811	0.475216	-0.01232	0.165710	0.410834	0.68610
Kurt.	3.068591	3.184914	3.505125	3.859023	3.858671	3.29917	3.43597
Jarque-Bera	6.988215	3.697307	3.791716	0.892387	9.9137	4.186048	2.65963
Wartość P	0.630376	0.705637	0.650189	0.640060	0.123314	0.450000	0.564527
Suma	641.7200	202.4500	1742.330	116.7600	1646.680	727.9400	611.1300
SumSq. Dev.	10912.28	36.47127	105786.1	1168.608	98472.49	11342.93	14152.70
N	31	31	31	31	31	31	31

Źródło: Wyjście regresji za pomocą Eview 7.0

W tabeli 4.1 przedstawiono zbiorcze statystyki dla wykorzystywanego zbioru danych. Wszystkie zmienne (Indeks cen towarów i usług konsumpcyjnych, światowa cena eksportu, stopa przyrostu, PKB, podaż pieniądza oraz stopa i stopień otwarcia taryfy) mają wartość przekrzywienia, która ma tendencję do zera. Wszystkie zmienne mają również kurtozę trzech (3), co jest wartością oczekiwaną. Wykazano, że prawdopodobieństwo wszystkich zmiennych jest wysokie. Co więcej, stosunek średniej do mediany wszystkich danych znajdował się w pobliżu jednostki lub w jej pobliżu. Znowu odchylenia standardowe były dość niskie nawet przy tak dużej próbce. Biorąc pod uwagę te wartości, zasadne jest przyjęcie hipotezy zerowej, że zmienne są normalnie rozkładane.

4.2 Test stacjonarności ADF

Wyniki testu pierwiastkowego z wykorzystaniem metody ADF (Augmented Dickey-Fuller) w oparciu o specyfikację podaną w równaniu 3.5 są przedstawione w tabeli 4.2. Wyniki pokazują, że zmienne - CPI, WEXP, EXR, TRF, MS, DO nie były stałe na poziomach, ale wszystkie zintegrowane I(1) rzędu. PKB był stały na poziomie i na początku różnicy. Cały zestaw danych został przekształcony do postaci dziennika. Oznacza to, że wszystkie serie po pierwszej różnicy były stacjonarne na poziomie 5% znaczenia. Hipoteza zerowa o niestacjonarności zostaje odrzucona, a alternatywna hipoteza o stacjonarności przyjęta. Tak więc, przy wszystkich zmiennych zintegrowanych w tej samej kolejności, jak pokazano w wynikach testu jednostkowego dla korzeni APD, współdziałanie jest uzasadnione (patrz Johansen, 1988, 1995).

Tabela 4.2 Test korzeniowy modułu APD

	Test ADF Statystyka	0,05 **Wartość krytyczna** dla ADF Statystyka	Kolejność Integracja
CPI D(CPI)	-2.838585 -5.561401	-2.981038	I (1)
WEXP D(WEXP)	-1.041227 -4.016365	-2.976263	I (1)
EXR D(EXR)	-0.280310 -5.871591	-2.976263	I (1)
PKB D(PKB)	-3.352677 -6.873492	-2.976263	I (1)
MS D(MS)	0.035898 -5.036473	-2.976263	I (1)
TRF D(TRF)	3.155205 -6.282495	-2.976263	I (1)
DO D(DO)	-2.096437 -4.104680	- 2.976263	I (1)

*** Znaczące na poziomie 5%.

Źródło: Wyjście regresji za pomocą Eview 7.0

4.3 Test naointegrację

Analizaointegracyjna ustala długoterminową zależność pomiędzy EXR i CPI, a tym samym innymi zmiennymi, które zostały wprowadzone do modelu. Wynik nieograniczonego badania kointegracji przy użyciu specyfikacji z równania 3.7 przedstawiono w tabeli 4.3. (Szczegóły podano w załączniku V). Standardowymi danymi statystycznymi wykorzystywanymi w interpretacji testu są: współczynnik prawdopodobieństwa, statystyka śladu i statystyka maksymalnej wartości własnej omawiane w Johansen (1988, 1995). Zarówno statystyka śladowa, jak i statystyka maksymalnej wartości własnej wyraźnie wskazują na istnienie dwóch równań kointegracyjnych na poziomie 5%. Wyniki te sugerowały występowanie dáugookresowej relacji równowagi pomiĊdzy cenami krajowymi (mierzonymi za pomocą CPI) a podstawami stosowanymi w modelu. Według Johansena i Juseliusa (1990), test maksymalnej wartości własnej powinien mieć pierwszeństwo w przypadku sprzecznych wyników. Ten przypadek nie pojawia się tutaj, ponieważ oba wyniki są zbieżne. Można zatem wnioskować, że istnieją dwa długookresowe równania równowagi między cenami krajowymi a zmiennymi objaśniającymi w badaniu.

Tabela 4.3 Testointegracji Johansena dla równowagi długookresowej

Nieważne Hipoteza	*Wartość własna*	*Ślad* ***Statystyka***	*0.05* ***Wartość krytyczna***	*Prob.***
Żadnego**	**0.867984**	**158.1811**	**125.6154**	**0.0001**
Co najwyżej1**	**0.783124**	**103.5107**	**95.75366**	**0.0131**
Co najwyżej 2	0.617407	62.24310	69.81889	0.1730
Co najwyżej 3	0.497543	36.30192	47.85613	0.3813
Co najwyżej 4	0.335331	17.71932	29.79707	0.5869
Co najwyżej 5	0.210232	6.690727	15.49471	0.6139
Co najwyżej 6	0.011720	0.318302	3.841466	0.5726

Znaczący na poziomie 10% (*); 5% (**); 1% (***)

Źródło: Wyjście regresji za pomocą Eview 7.

Tabela 4.4 Znormalizowane Współczynniki Współczynników Konsolidacji.

P	WEXP	EXR	PKB	MS	TRF	DO
1	**-6.557035 (1.43896)**	**0.341121 (0.13792)**	**-0.337148 (0.24374)**	**-0.230660 (0.14331)**	**-0.705820 (0.09275)**	**-0.061133 (0.06007)**

Standardowe błędy w nawiasach

W tabeli 4.4 powyżej przedstawiono szacunki parametrów dlugookresowej relacji równowagi pomiędzy ceną krajową i kursem walutowym, w szczególności, a wszystkimi innymi zmiennymi modelu. Ponieważ równanie długookresowe jest odwrotną matrycą, znaki oszacowań parametrów, jak pokazano w tabeli 4.4 powyżej, mają postać odwrotną. Skutki gospodarcze tych szacunków zostały omówione w poniższej sekcji.

4.4 Analiza mechanizmu korygowania błędów wektorowych (Vector Error Correction Mechanism)

W celu zbadania długoterminowego wpływu kursu walutowego na cenę krajową szacuje się wektorowy mechanizm korygowania błędów (VECM), który obejmuje jednocześnie efekty długo- i krótkookresowe. Piękno VECM polega na tym, że gdy zmienne są niestacjonarne, ale współzintegrowane, szacunki z VECM są bardziej efektywne niż szacunki ze zwykłych najmniejszych kwadratów (OLS) lub ortodoksyjnych VAR. VECM pozwala również uniknąć agonii związanej z problemem endogeniczności i błędnych wniosków związanych z szacunkami OLS. Przeprowadzony wcześniej test kointegracji miał przede wszystkim na celu ustalenie, czy ten termin ECM (wyprowadzony z pozostałości długookresowej regresji) jest stacjonarny na poziomach, czy też nie oraz określenie, ile takich zależności istnieje. Jak zostało to potwierdzone, istnieje znacząca długoterminowa zależność pomiędzy zmiennymi. Jednakże obecność długoterminowych relacji pomiędzy zmiennymi zawartymi w modelu nie oznacza automatycznie, że wszystkie zmienne w modelu mają znaczący wpływ na zmienną zależną. Dlatego też w celu określenia dynamiki kursu walutowego i cen krajowych w Nigerii oraz tego, która ze zmiennych faktycznie wywołuje obserwowane długoterminowe relacje, istnieje potrzeba oszacowania modelu VEC, a następnie przeanalizowania tych szacunków.

Jak pokazuje tabela 4.5, wszystkie zmienne, z wyjątkiem kursu wymiany, mają pozytywny i znaczący wpływ na wahania poziomu cen w perspektywie długoterminowej. Długoterminowe równanie cenowe równowagi jest zatem zapisane w następujący sposób:

CPIt-1= 36,20969Ct-1+6,557035WEXPt-1-0,341121EXRt-1+ 0,337148GDPt-1+0,230660MSt-1

(4,55679) (2,47341) (1,38325) (1,60949) +0,705820TRFt-1+ 0,061133Dot-1(7,61011) (1,01761)

Wyniki długoterminowego równania równowagi pokazują, że wszystkie parametry: Światowa Cena Eksportowa (WEXP), Kurs Wymiany (EXR), Produkcja (PKB), Podaż Pieniężna (MS), Taryfa (TRF) i Otwartość Gospodarki (DO) są podpisane jak sugeruje teoria. Oprócz kursu walutowego, który miał znak ujemny, wszystkie pozostałe zmienne są dodatnio powiązane z cenami krajowymi. Używając ich współczynników, można zatem wnioskować, że utrzymanie wszystkich innych wpływów na stałym poziomie, jednoprocentowy wzrost WEXP, PKB, MS, TRF i DO spowodowałby wzrost cen krajowych odpowiednio o 6,56, 0,34, 0,23, 0,71 i 0,06 procent. Jednak jedno-procentowa deprecjacja Naira spowoduje wzrost cen o 0,34 punktu procentowego. Ponownie współczynniki światowej ceny eksportowej, kursu walutowego i taryfy celnej są nie tylko słusznie podpisane, ale i statystycznie istotne. Dla pozostałych szacunków parametrów potwierdzono, że nie były one statystycznie istotne w wyjaśnianiu wahań cen krajowych w okresie badania na poziomie 5% istotności.

W tabelach 4.5 i 4.6 przedstawiono szacunki długoterminowe i krótkoterminowe odpowiednio dla modelu VECM. W tabeli 4.5 przedstawiono szacunki dotyczące efektów długoterminowych, natomiast w tabeli 4.6 przedstawiono szacunki dotyczące efektów krótkoterminowych.

Tabela 4.5: Znormalizowany wektor namnażaniaointegracyjnego (β')

Równanieointegracyjne:	CointEq1
CPI (-1)	1.000000
WEXP (-1)	-6.557035
	(4.55679)
EXR (-1)	0.341121
	(2.47341)
PKB (-1)	-0.337148
	(1.38325)
MS (-1)	-0.23066
	(1.60949)
TRF(-1)	-0.705820
	(7.61011)
DO(-1)	-0.061133
	(1.01761)
C	36.20969

Wyniki krótkookresowej dynamiki relacji pokazane w tabeli 4.6 wskazują, że wśród sześciu zmiennych objaśniających istnieje dodatnia liniowa zależność między cenami krajowymi i dwoma z serii, natomiast zależność z czterema jest ujemna. Jednakże współczynnik stopnia otwartości jest jedynym, który jest statystycznie istotny na poziomie 5% wśród regresorów użytych w modelu. Oznacza to, że poza stopniem otwartości, pozostałe zmienne nie są istotne w wyjaśnianiu wahań cen krajowych w krótkim okresie.

Tabela 4.6: Dynamika równowagi krótkookresowej

Zmienne	Współczynnik i t-Ratio
ECM(-1)	-0.819991
	(3.08383)
DWEXP(-1)	-12.15233
	(-1.02190)
DEXR(-1)	0.176385
	(0.71084)
DGDP(-1)	-0.210630
	(-0.40493)
DMS(-1)	-0.260688
	(-0.82957)
DTRF(-1)	-0.260000
	(-1.27494)
	0.702169
DDO(-1)	(2.29895)
	0.272915
C	(0.06639)

R-Squared	0,717993	Akaike AIC	-2.838034
Adi. R-Kwadrat	0,630909	Schwarz SC	-3,269980
Równanie S.E.	0,62781	F-Statystyczne	28,109813

( ) podać wartości współczynników t-

(***) Znaczące na poziomie 1%

Źródło: Wyjście regresji za pomocą Eview 7.0

Współczynnik określenia (R2), wynoszący 0,71, jest dość wysoki, ponieważ wyjaśnia on około 71 % wahań cen krajowych w Nigerii w latach 1982-2010. Wyniki testów Akaike AIC i Schwarz SIC wykazały bardzo niskie wartości, co wskazuje, że wybór opóźnień w modelu był odpowiedni. Statystyki F z 28.109813 są wystarczająco wysokie, łatwo przechodzą test istotności na poziomie 5%.

W tabeli 4.6 przedstawiono również oszacowanie krótkookresowego współczynnika korekty alfa cen krajowych. Oszacowany w tabeli współczynnik ECM łączy dynamikę krótkookresową z relacją długookresową. Jest to miara szybkości regulacji stosunku krótkotrwałości do nieoczekiwanych wstrząsów.

Model korekcji błędów jest modelem szeregu czasowego, który bezpośrednio sortuje prędkość, z jaką zależna zmienna powraca do równowagi po zmianie niezależnej zmiennej. Krótkotrwały współczynnik korygujący alfa jest zatem środkiem, za pomocą którego system jest przywracany do stanu równowagi długookresowej, w przypadku wystąpienia wstrząsów. Aliyu (2008) argumentował, że wartość liczbowa i statystyczna istotność każdego współczynnika alfa (α) jest bardzo istotna w ocenie zakresu szybkości dostosowania dla każdego wstrząsu, który destabilizuje długoterminowy stan równowagi. Wynik pokazuje, że tylko ECM(-1) jest statystycznie istotny na poziomie 5% istotności.

ECM (-1) ma współczynnik -0,819991. Współczynnik mierzy średni czas lub prędkość podjętą przez model w celu skorygowania danego wstrząsu. Jest on podawany jako $(1 - \alpha)^t$, co oznacza, że $(1 - \alpha)$, gdzie t jest liczbą lat, a α jest wartością bezwzględną parametru korekty-ECM(-1). Powyższa wartość α oznacza, że w danym okresie istnieje szybka prędkość dostosowania do stanu ustalonego wynosząca około 81 procent. Alternatywnie oznacza to, że w przypadku odchylenia, zmienna zależna powraca do równowagi w okresie około dwóch lat.

4.5 Forecast Error Variance Decomposition

Tabela 4.8 oraz pierwszy panel w załączniku VIII przedstawia dekompozycję wariancji wskaźników CPI reprezentujących cenę krajową w modelu. Istotne wyniki rozkładu wariancji są następujące: Ogólnie rzecz biorąc, "szok własny" stanowił dominujące źródło wahań dla zmiennej cenowej w modelu. Z 100% w pierwszym okresie, wkład własnego szoku spadł do około 53% w ^{dziesiątym} okresie. Umożliwiło to innym zmiennym zwiększenie ich wkładu w wyjaśnianie innowacji cenowych. Wykazano, że wkład kursu walutowego w innowacje cenowe jest coraz większy, ale bardzo niski.

Tabela 4.8 : Prognozowana różnica w rozkładzie cen krajowych (CPI)

Okres:	S.E.	CPI	WEXP	EXR	PKB	MS	TRF	DO
1	17.62781	100.00	0.0000	0.0000	0.0000	0.0000	0.0000	0.0000
2	23.54151	91.27968	1.692591	0.061288	1.263802	0.428171	0.288919	4.985544
3	27.02421	72.53666	5.421140	0.207605	7.036379	2.555983	0.252491	11.98974
4	29.10327	63.74082	7.519621	0.602888	9.531589	3.491056	0.247634	14.86640
5	30.91168	62.00640	8.037506	0.671998	9.781529	3.747699	0.247229	15.50764
6	33.07383	61.28748	8.296425	0.641715	9.765539	3.851226	0.217900	15.93971
7	35.07210	58.68422	8.884147	0.649768	10.43593	4.149759	0.198671	16.99751
8	36.78898	56.12639	9.473598	0.704769	11.13858	4.425606	0.181118	17.94994
9	38.38238	54.71717	9.829771	0.736193	11.46014	4.589829	0.168722	18.49818
10	39.99373	53.81471	10.06824	0.743520	11.63639	4.702292	0.155435	18.87941

Źródło: Wyniki obliczeń z Eview 7

Oprócz stawki taryfowej, która spadła z 0,29% w pierwszym okresie do 0,16% w dziesiątym okresie, wszystkie pozostałe zmienne wzrosły od początku do końca okresu prognozy. W dziesiątym okresie pozostałe zmienne stanowiły łącznie około 47% wariancji cenowej w porównaniu z około 9% w drugim okresie. Stopień otwartości (DO) przyczynił się do około 5% wahań cen w drugim okresie. Jego udział wzrósł do około 19% przy zamknięciu prognozy. Potwierdza to wynik uzyskany w wyniku krótkookresowej dynamiki równowagi w tabeli 4.6. Na podstawie wyników wykazano, że tylko DO jest statystycznie istotny w wyjaśnianiu ceny w krótkim okresie. Pozostałe zmienne nie były indywidualnie statystycznie istotne na poziomie 5% istotności. Odpowiednio, ich indywidualny udział w wariancji, wykazany przez wynik dekompozycji wariancji w krótkim okresie, nie był znaczący.

4.6 Analiza wyników analizy odpowiedzi impulsowej

Tabela 4.9 i załącznik VIII przedstawiają reakcję cen krajowych na szok własny, jak równieĪ jego impuls na inne zmienne i odpowiadające im reakcje. Wskaźnik cen towarów i usług konsumpcyjnych zareagował na własny początkowy impuls, ale ta reakcja zaczęła wygasać po drugim okresie. Trzeci panel w dodatku VIII przedstawia odpowiedź CPI i innych zmiennych na impuls pochodzący z kursu wymiany.

Tabela 4.9: Reakcja impulsowa ceny krajowej (CPI) na jedną innowację S.D.

Okres:	CPI	WEXP	EXR	PKB	MS	TRF	DO
1	17.62781	0.000000	0.000000	0.000000	0.000000	0.000000	0.000000
2	13.96906	3.062741	-0.582803	-2.646512	1.540434	1.265384	5.256426
3	4.885346	5.496420	1.084665	-6.662072	4.036534	0.492714	7.741576
4	3.184975	4.909196	1.894810	-5.417137	3.301926	-0.503483	6.193256
5	7.252999	3.620734	1.146602	-3.568339	2.498239	-0.514673	4.718270
6	8.827202	3.735217	0.773578	-3.654787	2.513417	0.145663	5.116696
7	7.171905	4.304286	0.986360	-4.641581	2.986049	0.245328	5.892131
8	6.146890	4.351870	1.243408	-4.731327	2.975438	-0.086919	5.819055
9	6.816612	4.073627	1.143284	-4.251917	2.778530	-0.185268	5.438449
10	7.393823	4.028456	1.023205	-4.158409	2.755978	-0.023338	5.427659

Źródło: Wyniki obliczeń z Eview 7

Przypadkowa kontrola reakcji pokazuje, że początkowy szok spowodowany kursem walutowym nie ma żadnego głębokiego wpływu na CPI. Reakcja CPI na EXR nie jest silna, ale znacząca w ciągu 10 okresów. Reakcja na początkowy szok jest słaba, ale wzrosła po drugim okresie. Z badania funkcji reakcji impulsowej wyłoniły się następujące wnioski: Podkreślono rolę oczekiwań w określeniu ścieżki cen w krótkim okresie. Znaczenie szoku kursowego na linii inflacyjnej w długim okresie jest ustalone i potwierdza wyniki uzyskane przez model VECM powyżej, że przełożenie kursu walutowego ma wpływ na cenę krajową, ale tylko w długim okresie.

4.7 Interpretacja ekonomiczna wyników

Znormalizowane współczynniki kointegracji oraz znormalizowany eigenwektor kointegracji (β') reprezentujący długookresową relację równowagi przedstawiły kilka istotnych wyników istotnych dla realizacji celów niniejszego badania. Z wyników wynika, że wszystkie zmienne zostały prawidłowo podpisane. Jak stwierdzono wcześniej, tylko kurs walutowy miał ujemny współczynnik. Oznacza to, że istnieje odwrotna zależność między kursem walutowym a cenami krajowymi. Wszystkie pozostałe zmienne poruszają się w tym samym kierunku, co ceny. Innymi słowy, są one pozytywnie związane z cenami krajowymi.

Współczynnik światowej ceny eksportowej, nasz wskaźnik zastępczy dla globalnej zmiany cen, był nie tylko poprawnie podpisany, ale również statystycznie istotny. Mówi to o tym, jak bardzo międzynarodowe ruchy cenowe pomagają w określeniu charakteru inflacji w Nigerii. Przejście kursu walutowego na ceny krajowe zostało oszacowane na 0,34. Współczynnik był ujemny. Było to również statystycznie istotne. Skutek ekonomiczny jest taki, że amortyzacja nairy o jeden procent powoduje wzrost cen krajowych o 0,34 punktu procentowego. Oznacza to, że przejście na ceny jest częściowe.

Teoria sugeruje pozytywną relację między produkcją a ceną. Uzyskany przez model znak współczynnika PKB jest zgodny z oczekiwaniami. Nie jest ona jednak statystycznie istotna. Nieistotność PKB w tym modelu można wyjaśnić wysoką zależnością gospodarki nigeryjskiej od importu, która przyćmiewa część zgłoszonej produkcji zużytej.

Monetarzyści uważają, że inflacja jest wszędzie i zawsze zjawiskiem monetarnym. Nie można zatem przecenić roli płynności lub podaży pieniądza. W związku z tym oczekuje się, że ceny krajowe będą pozytywną funkcją podaży pieniądza. Zmienna ta została podpisana zgodnie z oczekiwaniami, ale jej współczynnik nie był istotny statystycznie na poziomie istotności 5%. Wyniki te sugerują, że polityka pieniężna może nie być zbyt skuteczna w zakresie wpływania na zmiany cen.

Stawka taryfowa została zmierzona w sposób wysoce istotny statystycznie w wyjaśnieniu zmian w modelu. Zmienna ta wprowadzała również model z właściwym znakiem. Tego samego nie można powiedzieć o otwartości gospodarki, ponieważ jej współczynnik był tylko poprawnie podpisany, ale nie był statystycznie istotny.

4.8 Test Hipotez

W dążeniu do realizacji celów badania postawiono następujące hipotezy:

1.$_{Ho}$: Wielkość kursu wymiany w Nigerii nie jest na dłuższą metę pełna.

2.$_{Ho}$: Przejście przez kurs walutowy nie jest zjawiskiem krótkotrwałym.

3.$_{Ho}$: Przejście kursu walutowego nie ma znaczącego wpływu na ceny krajowe w krótkim okresie.

Uchwała była następująca:

Hipoteza Pierwsza

Wyniki uzyskane na podstawie długookresowego eigenwektora równowagi i znormalizowanego współczynnika kointegracji wskazują na współczynnik kursowy wynoszący -0,341121 (2,47341). Wartość t jest w nawiasie. Współczynnik ten reprezentuje nasze γ - oszacowanie przepustowości. Oznacza to, że kurs walutowy jest przenoszony na ceny krajowe o wielkości 0,341121. Wartość t pokazuje również, że jest ona znacząca. Powód zmusza nas zatem do zaakceptowania zerowej hipotezy o braku pełnego ERPT do cen krajowych w Nigerii.

Hipoteza druga

Hipoteza ta została przetestowana na podstawie wyniku krótkookresowej dynamiki. Kurs walutowy został uznany za nieistotny statystycznie na poziomie 5% istotności. Pierwsza hipoteza mówi, że kurs walutowy nie ma znaczącego wpływu na ceny krajowe w Nigerii w krótkim okresie. Na podstawie tego wyniku przyjmuje się go zatem, ponieważ oszacowanie współczynnika kursu walutowego w krótkookresowej dynamice równowagi nie jest statystycznie istotne.

Hipoteza trzecia

Oszacowanie współczynnika kursu walutowego w równaniu równowagi długookresowej wynosi

-0.341121. Oznacza to, że zmiana kursu walutowego o jeden procent spowoduje odpowiednią zmianę ceny krajowej o około 0,34 procent. W badaniu odrzucono zatem hipotezę o braku istotnego wpływu na ceny krajowe.

4.9 Omówienie wyników

Środki opisowe serii potwierdziły ich normalną dystrybucję. Nasz test Augmented Dickey Fuller pokazuje, że niektóre zmienne są stałe na poziomach, ale wszystkie zmienne są stałe na początku różnicy. W związku z tym doszedłem do wniosku, że zmienne są zintegrowane w ramach pierwszego rzędu.

Rozpoczęto badania nad długoterminową relacją równowagi zmiennych. Na danych zastosowano procedurę Johansena, a wynik potwierdził istnienie dwóch równań kointegracyjnych sugerujących istnienie długotrwałych relacji równowagi pomiędzy zmiennymi. Znormalizowane współczynniki kointegracji i szacunki znormalizowanego kointegrującego eigenwektora (β') pokazują, że przejście kursu walutowego ma wartość szacunkową wynoszącą

-0,341121 i wartości t wynoszącej 2,473421. To jest słusznie podpisane. Oszacowanie przepustowości jest oceniane jako niskie, ale statystycznie istotne.

McCarthy (1999) stosując wektorowy model autoregresywny stwierdził, że w przypadku małych gospodarek oczekuje się wyższego kursu wymiany. W swoim badaniu obejmującym dziewięć krajów uprzemysłowionych McCarthy stwierdził, że przejście było większe w krajach o większym udziale importu w popycie krajowym, jak również w krajach o bardziej stałym kursie wymiany i cenach importowych. McCarthy zapewnił również, że dla większości krajów uprzemysłowionych szoki kursowe mają niewielki wpływ na inflację krajową. Chociaż wynik ten jest sprzeczny z wynikiem McCarthy'ego (1999), zwłaszcza z faktem, że kurs wymiany dla małych otwartych gospodarek jest wysoki, to jednak zgadza się on, że kurs wymiany ma niewielki wpływ na ceny krajowe.

Powyższy wynik oznacza również, że w dłuższej perspektywie czasowej kurs wymiany jest niepełny. Teoria sugeruje jednak całkowite przełożenie kursu walutowego na ceny krajowe. Jest to zgodne z konkluzją Aliyu (2010), zgodnie z którą ceny mniej proporcjonalnie reagują na szoki kursowe w Nigerii. Campa *i in.* (2005: 25) donoszą, że chociaż ERPT w strefie euro jest wyraźnie niekompletny, to jednak pozostaje on w ponad 60 % w jedną czwartą po zmianach kursu walutowego i w 80 % w pozostałej części roku.

Wynik krótkookresowej dynamiki równowagi pokazuje, że kurs walutowy nie jest statystycznie istotny w wyjaśnianiu innowacji cenowych. Zostało to poparte wynikiem funkcji rozkładu wariancji. Tylko DO był statystycznie istotny, ponieważ w drugim okresie stanowił 4%, a w dziesiątym 18%. Wynik ten jest zgodny z dowodami zawartymi w literaturze obalającej argument za inflacją spowodowaną wahaniami kursów walutowych w krótkim okresie w Nigerii (zob. Omisakin, 2009; Oyinlola, 2009; oladipo, 2007). Krótkotrwały współczynnik korygujący alfa oszacował prędkość dostosowania do długookresowego stanu ustalonego dla modelu. Szacunkowy współczynnik okresu korekty błędu opóźnił się o jeden okres, ECM(-1) z -0,819991 , który znacznie różni się od zera, wskazuje, że w przypadku przesunięcia równowagi, powrót do równowagi jest osiągany o około 81% rocznie lub w krótkim czasie około dwóch lat lub ośmiu kwartałów.

ROZDZIAŁ PIĄTY: STRESZCZENIE, WNIOSKI I ZALECENIA

5.1 Podsumowanie najważniejszych ustaleń

Zrozumienie wpływu ruchów kursów walutowych na ceny jest kluczowe z punktu widzenia polityki, aby ocenić właściwą reakcję polityki pieniężnej na ruchy walutowe. Argument ten staje się szczególnie prawdziwy w przypadku, gdy gospodarka jest szeroko narażona na wahania zależności od przywozu. W takich okolicznościach dynamika globalnych ruchów cen może być tak realnie odczuwalna w gospodarce krajowej, gdy to samo jest przekazywane za pośrednictwem kursu wymiany. Badanie to miało na celu empiryczne zbadanie wpływu wahań kursów walutowych na ceny krajowe w Nigerii. Rozszerzenie tego celu miało również na celu dokładne określenie wielkości przejścia kursu walutowego. Zbadano również inne czynniki, które mogą być istotne dla określenia ścieżki zmian cen w Nigerii.

Badanie to rozpoczęło się od zbadania właściwości statystycznych serii. Wynik testu Augmented Dicker Fuller (ADF) dla pierwiastka jednostkowego wykazał, że oprócz produktu krajowego brutto (PKB) pozostałe zmienne nie były na poziomie stacjonarnym. Stacjonarność została jednak ugruntowana już przy pierwszej porażce. Stwierdzono zatem, że serie te zostały połączone w jedną serię *I*(1) zamówienia. W dalszej części badania starano się określić stopień kointegracji lub liczbę relacji kointegracyjnych przy użyciu procedury Johansena. Wyniki testu kointegracji pokazały, że istnieją dwie zależności kointegracyjne, co oznacza, że istnieje stabilny długoterminowy warunek równowagi między ceną krajową a zmiennymi objaśniającymi w modelu.

Znormalizowane współczynniki kointegracji i współczynniki wektora kointegracji pokazały, że w dłuższej perspektywie czasowej światowa cena eksportowa, produkt krajowy brutto, podaż pieniądza, stawka celna i stopień otwartości są dodatnio powiązane z ceną krajową, a kurs walutowy ma odwrotną zależność od ceny krajowej. Wyniki wykazały ponadto, że światowa cena eksportowa, kurs walutowy i stawka celna znacznie weszły do modelu. Były one statystycznie istotne w wyjaśnianiu zróżnicowania cen krajowych w długim okresie. Oszacowanie parametru dla kursu walutowego stanowiącego wartość szacunkową przejścia w modelu wyniosło 0,341121, co oznacza, że długoterminowy kurs walutowy przechodzący na ceny jest w Nigerii nie tylko niepełny, ale i niski.

Wynik krótkookresowej dynamiki równowagi pokazuje, że kurs walutowy nie jest statystycznie istotny w wyjaśnianiu innowacji cenowych. Zostało to poparte wynikiem dekompozycji wariancji, który jasno pokazał informacje przekazane przez inne zmienne w wyjaśnieniu zmienności cen krajowych. Tylko DO był statystycznie istotny, ponieważ w drugim okresie stanowił 4%, a w dziesiątym 18%. Krótkotrwały współczynnik korygujący alfa oszacował prędkość dostosowania do długookresowego stanu ustalonego dla modelu. Wynik pokazał, że w przypadku przemieszczenia równowagi, powrót do równowagi następuje w krótkim czasie około dwóch lat lub ośmiu kwartałów.

5.2 Wniosek

Dowody empiryczne wynikające z różnych testów ekonometrycznych, jak podsumowano powyżej, stanowią podstawę tego wniosku. Stwierdzono, że w dłuższej perspektywie czasowej kurs walutowy ma duże znaczenie dla wyjaśnienia cen w Nigerii. Deprecjacja kursu walutowego o jeden procent powoduje wzrost cen o około 0,34 punktu procentowego. W wyniku badania stwierdzono, że kurs wymiany nie jest pełny i jest stosunkowo niski. Ma to jednak bardzo duże znaczenie dla wpływu na politykę pieniężną, szczególnie w gospodarce, w której komponent importowy jest bardzo wysoki, co wynika z rosnącej skłonności obywateli do konsumpcji zagranicznych towarów, ale szczególnie z luki, jaką pozostawia wydajność krajowa. Jednym ze sposobów, aby to naprawić, jest zwiększenie krajowej produktywności do takiego stopnia, że sektor importu nie będzie już posiadał takiego wpływu, jaki ma on w naszej obecnej konfiguracji. Poprawa naszej wydajności musi wiązać się z intensyfikacją procesu pod względem ilościowym i jakościowym.

W badaniu ponownie stwierdza się, że inne czynniki makroekonomiczne są równie ważne w wyjaśnianiu tendencji cenowych w Nigerii. Oczekiwanie jest kolejnym ważnym czynnikiem determinującym, ponieważ stwierdzono, że cena w poprzednim okresie miała głęboki wpływ na kolejny trend. Osoby zarządzające polityką pieniężną muszą to wszystko rozpoznać, ponieważ starają się rozwijać środki, które powstrzymają spirale inflacji i stabilność cen. Badanie wykazało, że opodatkowanie ma swoją własną rolę do odegrania w określaniu ruchu cen. Co ciekawe, konieczność zwiększenia przychodów w celu zaspokojenia rosnących potrzeb w zakresie wzrostu i rozwoju infrastruktury sprawia, że jest to konieczne. Wyjście z tej sytuacji ponownie odsyła nas do poprawy krajowej wydajności.

5.3 Zalecenia polityczne

Od dawna uważa się, że kurs walutowy jest bardzo ważnym czynnikiem oceny odpowiedniej opcji polityki pieniężnej dla gospodarki. Ponowne zrozumienie charakteru dynamicznych relacji między zmiennymi makroekonomicznymi, które mogą wpływać lub wpływać na powodzenie polityk, zwłaszcza tych mających na celu osiągnięcie stabilności wewnętrznej, jest niezbędnym narzędziem adekwatności i skuteczności polityki. W badaniu szacowany kurs walutowy przechodzi, a także zidentyfikowano inne zmienne wynikające z określania cen w gospodarce. W związku z tym, w świetle ustaleń, zalecono, co następuje:

1. Jest to pouczające, zwłaszcza jako wynik ustaleń, że władze monetarne i podmioty zarządzające inflacją nie powinny brać pod uwagę polityki kursowej w próbach zapewnienia krótkoterminowych środków kontroli inflacji w Nigerii, ponieważ takie wysiłki mogą przynieść rezultaty, ale tylko długoterminowe.

2. Ekspansja pieniężna jest od dawna uznawana za główny czynnik wyjaśniający inflację. Środowisko niestabilnych wstrząsów pieniężnych jest również postrzegane jako związane z wyższym kursem przechodzącym przez współczynniki. Wyniki wykazały jednak, że podaż pieniądza może nie być tak ważnym czynnikiem determinującym ceny. Dlatego nie należy go przeceniać. Należy również odpowiednio połączyć politykę pieniężną i fiskalną, aby zapobiec chorobom gospodarczym tych dwóch państw, które dążą do osiągnięcia rozbieżnych celów.

3. Polityka po stronie podaży, zwłaszcza ta ukierunkowana na zwiększenie produkcji krajowej, musi być prowadzona z większą determinacją. Polityka taka powinna być opracowana w szczególności w celu zmniejszenia udziału importowanych towarów i usług wśród towarów we wspólnym koszyku towarów konsumowanych przez przeciętnego Nigeryjczyka. Ponieważ większość produktów przywożonych do Nigerii to produkty przetworzone lub gotowe, zmniejszenie wielkości przywozu można osiągnąć jedynie poprzez zwiększenie zdolności gospodarki do zaspokojenia popytu na podobne produkty.

4. Zmienność kursów walutowych ma wpływ na wyjaśnienie wielkości przejścia kursu walutowego przez szacunki. Wahania kursów walutowych będą zatem konieczne, aby ograniczyć przenoszenie się szoków kursowych na ceny krajowe. Jeśli chodzi o odpowiedni system kursu walutowego, dochodzenia w tej dziedzinie ujawniły, że Nigeria nie może zyskać wiarygodności politycznej po prostu poprzez przyjęcie niezwykle sztywnego systemu kursu walutowego,

takiego jak unia walutowa czy oficjalna dolaryzacja. Właściwy wybór systemu dla Nigerii nie powinien zatem ograniczać się do dwóch skrajnych biegunów: w pełni stałego lub swobodnego przepływu.

5. Wysiłki mające na celu promowanie i zwiększanie dostępu do kapitału powinny być podejmowane przez zarządzających rynkiem kapitałowym i pieniężnym. Rząd powinien z większą energią realizować politykę, która prowadziłaby do skutecznego systemu finansowego, zapewniającego przedsiębiorcom i sektorom przemysłu odpowiednią płynność finansową i dostawy kredytów, tak aby pobudzić rzeczywisty wzrost. Należy zwiększyć i utrzymać obecne wysiłki na rzecz zwiększenia możliwości rozwoju umiejętności i zasobów w zakresie przedsiębiorczości przez kobiety i młodzież.

6. Należy podjąć drastyczne środki mające na celu poprawę sytuacji w sektorach kluczowych dla rozwoju kapitału ludzkiego, takich jak edukacja, zdrowie, bezpieczeństwo, elektryczność i wiele innych. Wszystkie inne obszary, które mają znaczący wpływ na ogólny poziom kapitału krajowego, powinny być traktowane priorytetowo. W tym duchu należy położyć nacisk na rozwój wszystkich form infrastruktury mających wpływ na wzrost i rozwój gospodarczy.

7. Gospodarstwom rozwijającym się na ogół brakuje kapitału niezbędnego do uruchomienia na dużą skalę i zrównoważonego wzrostu działalności gospodarczej w proporcjach, które mogłyby wspierać trwały rozwój. Istnieje zatem potrzeba przyciągnięcia bezpośrednich inwestycji zagranicznych. Należy rozwijać politykę w celu zwiększenia krajowej konkurencyjności kraju jako miejsca przeznaczenia bezpośrednich inwestycji zagranicznych.

REFERENCJE

Adolfson, M., (1997). Przejście kursu walutowego na szwedzkie ceny importowe. *Finnish Economic Papers,* 10 (2): 81-98.

Adolfson, M.(2002). Skutki realizacji celów w zakresie kursu walutowego w ramach niepełnego przejścia na kurs walutowy. *Sveriges Riksbank Working Paper Series* No.135 *Online. http://swopec.hhs.se/hastef/papers/hastef0477.*

Akaike, H. (1974). Nowe spojrzenie na identyfikację modelu statystycznego. *Automatyczne sterowanie, IEEE Transactions,* 19 (6): 716- 723.

Ajakaiye D.O. (1994). Deprecjacja kursu walutowego i cen sektorowych w Nigerii (1986-89). National Institute of Social and Economic Research (NISER), *Individual Research Project Report,* Ibadan.

Ajoni, A. D (1986). Ocena ostatnich środków polityki kursowej w Nigerii. *CBN Economic and Financial Review* Vol.29, No.2

Akanji, O.O. (1999). Przegląd zarządzania kursami walutowymi w Nigerii od 1986 r. do chwili obecnej. *Online pod adresem http://cenbank.org/out/publications/bu.*

Akinlo, A.E. (2004). Bezpośrednie inwestycje zagraniczne i wzrost gospodarczy w Nigerii: Dochodzenie empiryczne. *Journal of Policy Modeling*, 26: 627-639.

Akinlo, A.E. (2004). The determinants of inflation in Nigeria, *Indian Journal of Economics,* LXXXVI(341),

Akofio-Sowah, N, (2009). Czy istnieje związek pomiędzy kursem wymiany a systemem monetarnym: Dowody z Afryki Subsaharyjskiej i Ameryki Łacińskiej. *International Atlantic Economic Society. Online pod adresem http://www.springerlink.com/content*

Al-Arbi, A i Goodwin, B, (2009). Ponowne zbadanie przejścia kursu walutowego na ceny importowe przy użyciu nieliniowych technik szacowania: Kointegracja progowa. *International Review of Economics and Finance.* 18: 142-161.

Aliyu, S.U.R., Yakub, M.U. Sanni, G.K. i Duke, O.O. (2009). przeliczanie kursów walutowych na ceny w Nigerii: Dowody z modelu korekcji błędów wektorowych. *Papier MPRA,* nr 25053

Aliyu, S.U.R. (2008).Zmienność kursów walutowych i handel eksportowy w Nigerii: Dochodzenie empiryczne. *Munich Personal RePEc Archive (MPRA)* Nr 13490.

Alper, Koray (2003). Przejście kursu walutowego na ceny krajowe w gospodarce tureckiej. Niepublikowana praca magisterska na Wydziale Ekonomii i Biznesu, Middle East Central University, Turcja, Stambuł

Amour P.S. (2008). Czy oczekiwania inflacyjne są racjonalne? *Online pod adresem http://ecn.ulaval.ca/fr/publication_a*

An, L. (2006). Przejście po kursie: Dowody oparte na autoregresji wektorowej z ograniczeniami dotyczącymi znaków. Wydział Ekonomii, Uniwersytet Kentucky, Lexington, KY, 40506

Anaya, I. (2000). Przełożenie kursu walutowego na ceny importowe. *Online pod adresem http://unc.edu//sahminan*

Arome, E.A. (1994). Nigeryjski rynek walutowy: krytyczna ocena kursu wymiany Naira. Niepublikowana praca dyplomowa złożona w Szkole Podyplomowej, Uniwersytet Ahmadu Bello, Zaria.

Asogu J.O (1991). An econometric analysis of the nature and causes of inflation in Nigeria.Central Bank of Nigeria (CBN), *Economic and Financial Review,* 29(3),

Asmerom K. (1994). Wskaźniki efektywnego kursu walutowego: Badanie porównawcze Etiopii, Kenii. *African Economic Research Consortium*

Athukorala, P. (1991). Przejście po kursie: Przypadek koreańskiego eksportu wyrobów. *Listy gospodarcze,* 35 (1): 79-84.

Athukorala, P. i Menon, J. (1994). Ustalanie cen w zależności od zachowania rynkowego i przełożenie kursu walutowego w eksporcie japońskim. *Dziennik ekonomiczny, 104: 271-281.*

Bailliu, J., & Fujii, E. (2004). Przejście kursu walutowego i środowisko inflacyjne w krajach uprzemysłowionych: Dochodzenie empiryczne. Bank of Canada, *dokument roboczy* 2004-21.

Barhoumi, K. (2005) Exchange rate pass-through and structural macroeconomic shocks in developing countries: Dochodzenie empiryczne. *GREQAM, Banque de France,* Online pod adresem http://mpra.ub.uni-muenchen.de/6573/.

Baldwin, R. i Krugman, P. (1989). Utrzymujące się skutki handlowe dużych wstrząsów kursowych. *Quarterly Journal of Economics,* Vol. 104

Belaisch, A. J(2003). Kurs walutowy w Brazylii. *Dokument roboczy MFW*, nr 3, tom 141.

Bernanke, B.S. i F.S. Mishkin (1997). Ukierunkowanie na inflację: jako nowe ramy polityki pieniężnej? *Dokument roboczy NBER* nr 5893, styczeń 1997.

Król, M. (2002). Cel inflacyjny: Dziesięć lat później. *BIS Review*, 68/2000.

Bhundia, A. (2002). Empiryczne dochodzenie w sprawie erupcji w Republice Południowej Afryki. *Dokument roboczy MFW* 02/165

Bodnar, G.M. i Gentry, W.M. (1993). Ekspozycja na kurs walutowy i charakterystyka branży: Dowody z Kanady, Japonii i USA. *Journal of International money and finance*, Elsevier, Vol.12(1), Pages 29-45, February, 1993.

Burstein, A., Eichenbaum, M. i Rebelo, S. (2005). Duże dewaluacje i realny kurs walutowy. *Journal of Political Economy*, 113, 742-784.

Burstein, A., Neves, J. i Rebelo, S. (2003). Koszty dystrybucji i dynamika realnego kursu walutowego podczas stabilizacji kursu walutowego. *Journal of Monetary Economics*, 50,1189-1214.

Bussiěre, M i Peltonen, T (2008). Przełożenie kursu walutowego w gospodarce światowej - rola wschodzących gospodarek rynkowych. *Dokument roboczy Europejskiego Banku Centralnego* nr 951. Online pod adresem http//:www.ecb.europa.eu/pub/pdf/scpwps/ecbwp951.

Canetti E i Greene J (2000). Wzrost pieniężny i deprecjacja kursu walutowego jako przyczyny inflacji w krajach afrykańskich. Międzynarodowy Fundusz Walutowy, Waszyngton, D.C., *dokument roboczy Banku Światowego,*

Campa, J. i Goldberg L.S. (2005). Przejście kursu walutowego na ceny importowe. *Przegląd Ekonomii i Statystyki*, tom 87, nr 4.

Ca'Zorzi, M., Hahn, E. i Sanchez, M. (2007). Przełożenie kursów walutowych na rynkach wschodzących. European Central Bank *Working Paper Series*, No 739/March, 2007

CBN (1998). Stopień niewspółosiowości kursu Naira. Komunikat Komitetu Polityki Pieniężnej, czerwiec 1998 r.

Chatfield, C. (2000). *Prognozowanie szeregów czasowych.* Londyn: Chapmann i Hall/CRC.

Chiawa, M.A. i Asare, B.K. (2007). Współzintegrowany wektorowy autoregresywny model kursów walut w subregionie Afryki Zachodniej. *The Benue Valley; Journal of Interdisciplinary Studies*, 6:102-120.

Chizea, B (1993). Stopy procentowe, kursy walutowe i inflacja. *Journal of the Chattered Institute of Bankers of Nigeria*, ISSNO189 -6679, 6-11.

Choudhri E. i Hakura, D. (2001). Przejście kursu walutowego na ceny krajowe: Czy środowisko inflacyjne ma znaczenie? *Dokument roboczy MFW,* tom 1 nr; 194

Choudhri, E., Faruqee, H. i Hakura, D. (2002). Przełożenie kursów walutowych w różnych cenach, *dokument roboczy MFW*, nr 02/224.

Christiano E i Eichenbaum M (1992). Komentarze dotyczące interpretacji faktów makroekonomicznych szeregów czasowych: The Effects of Monetary Policy, *European Economic Review*, 36, 1001-1011.s

Urzędnik, S. Corsetti, G. i Pesenti, P. (1993). Międzynarodowy wymiar optymalnej polityki pieniężnej. NBER *Working Papers,* nr 8230. [On-line] Dostępne:

Cockerel L. (1999). Miary inflacji i cele inflacyjne w Australii. Bank of International Settlement *Working Papers* No106.

Central Bank of Nigeria: *Roczny Biuletyn Statystyczny*. Publikacje Varoiusa.

Central Bank of Nigeria (2007). Komunikat nr 50 Komitetu Polityki Pieniężnej, 5 czerwca 2007 r.

Darvas, Z. (2001). Przełożenie kursu walutowego i realny kurs wymiany w krajach kandydujących do UE. Ośrodek Badań Gospodarczych Deustche Bundesbark *Dokument do dyskusji* 10/01

Devereux, M. B. i Yetman, J.(2003). Ustalanie cen i kursy wymiany przechodzą na drugą stronę: Teoria i dowody. Korekta cen i polityka pieniężna. Bank of Canada. *Online pod adresem* www.bankofcanada.ca/en/conference/2002/Devereux_Yetman-v3.pdf

Dickey, D.A., i Fuller, W.A. (1979). Rozkład estymatorów dla autoregresywnych szeregów czasowych z pierwiastkiem jednostkowym. *Journal of the American Statistical Association*, **74**, 427{431.

Dickey, D.A., i Fuller, W.A. (1981). Statystyka współczynnika prawdopodobieństwa dla autoregresywnych szeregów czasowych z pierwiastkiem jednostkowym. *Econometrica*, 49, 1057{1072.

Devereux, M. B. Engle, C (2002). Zmienność kursów walutowych i rozłączenie kursów walutowych. *Journal of Monetary Economics*. Vol. 49

Dornbusch, R. (1987) Kursy walutowe i ceny. *American Economic Review*, Vol. 77

Dordunoo, C.K. i Njinkeu, D. (1997). Systemy kursów walutowych i wyniki makroekonomiczne w Afryce Subsaharyjskiej. *Journal of African Economies*, 6(3), 02/1997

Douglas, A.L., William, G.M., Samuel, A.W. (2005). *Techniki statystyczne w biznesie i ekonomii*. Londyn: MacGrawHill Irwin.

Dumoyl, N. (2002). Kwestie związane z zarządzaniem pieniędzmi, finansami i gospodarką. *CBN Economic and Financial Review*, Vol. 53, No. 5

Dwyer, J., i R. Lam (1994). Wyjaśniając inflację cen importowych niedawna historia przejścia drugiego etapu. Rezerwowy Bank Australii, PROW 9407

Eckstein, Z And Soffer, Y, (2008). Wpływ kursów walutowych na politykę pieniężną: Sprawa izraelska. Bank Rozrachunków Międzynarodowych (Bank of International Settlements). Dostępne: BIS Papiery nr 35.

Ejrnaes, M i Persson, K.G. (2006). Charakter i koszty nierównowagi rynkowej: Sprawa Trans-Atlantic Telegraph. *Online pod adresem* www.bankofcanada.ca/en/conference/2002/Devereux_Yetman-v3.pdf

Elbadawi, I. A. (1990). Inflationary process, stabilisation and the role of public expenditure in Uganda, Washington, D.C., *World Bank Working Paper,*

Engle, R. F. (1982). Autoregresywna warunkowa heteroscedastyczność, z szacunkową zmiennością poziomu inflacji w Zjednoczonym Królestwie. *Econometrica*, 50, 987{1007.

Engle, R. F., i Granger, C. W. J. (1987). Cointegracja i korekta błędów: Reprezentacja, szacowanie i testowanie. *Econometrica*, 55, 251{276.

Engle, R. F., Hendry, D. F., i Richard, J.-F. (1983). Exogeneity. *Econometrica*, 51, 277{304.

Przedrukowano w Hendry, D.F., *Ekonometria: Alchemia czy nauka?* Oxford: Blackwell Publishers, 1993; oraz w Ericsson, N. R. and Irons, J. S. (red.) *Testing Exogeneity*, Oxford: Oxford University Press, 1994.

Feinberg, R. M. (1986). Wzajemne oddziaływanie siły rynkowej i kursu walutowego na ceny krajowe w Niemczech. *Journal of Industrial Economics*, 35(September): 61-70.

Feinberg, R. M. (1989). Wpływ ruchów walutowych na ceny krajowe w USA. *Review of Economics and Statistics,* 71 (3): 505-511.

Feinberg, R. M. (1991). Wybór indeksu kursu walutowego i przejścia krajowego. *Journal of Industrial Economics,* 39 (4): 409-420.

Gagnon, J. i Ihrig, J. (2004). Polityka pieniężna i przejście na kurs walutowy. *International Journal of Finance and Economics*, 9, 315-338.

Giovanini, A. (1998). Kurs walutowy i ceny towarów handlowych. Warwick: *Journal of International Economics.* Tom 2, wydanie 3, s. 1234

Goldberg, P. K. i Knether, M. (1997). Dobry kurs cen. Czego się dowiedzieliśmy. *Journal of Economic Literature.* Tom 35, nr 3.

Gosh, A. i Rajan, R. (2006). Kurs walutowy w Azji: Co mówi nam ta literatura? Niepublikowany raport na konferencję APEA. Seattle: Uniwersytet w Waszyngtonie.

Granger, C.W.J. (2004). Analiza szeregów czasowych, kointegracja i aplikacja. Wystąpienie profesora Grangera na uroczystości wręczenia Nagrody Nobla, 2004.

Granger, C.W.J. (1988). Przyczynowość, kointegracja i kontrola. *Journal of Economic Dynamics and Control,* 12:551-551.

Granger, C.W.J. (1969). Badanie związków przyczynowo-skutkowych za pomocą modeli ekonometrycznych i metod spektralnych krzyżowych. *Econometrica*, 37:424-458.

Gujarati D.N (2005). *Podstawowa ekonometria*. Indie: McGraw-Hill, wydanie piąte.

Hahn, E. (2003). Przełożenie wstrząsów zewnętrznych na inflację w strefie euro. *Dokument roboczy* Europejskiego Banku Centralnego nr 243.

Hansen, H., i Juselius, K. (1995). Koty w szczurach: Analizaointegracyjna szeregów czasowych. *Dokument do dyskusji*, Estima, Evanston, IL.

Hendry, D. F. (1980). *Ekonometria: Alchemia czy nauka? Economica*, 47, 387{406. Przedrukowano w Hendry, D. F. (1993), *Econometrics: Alchemia czy nauka?* Oxford: Blackwell Publishers.

Hendry, D. F. (1995). *Dynamiczna Ekonometria*. Oksford: Oxford University Press.

Hendry, D. F., i Anderson, G. J. (1977). Próba dynamicznego pobierania próbek w małych, symultanicznych systemach: Zastosowanie do modelu budowania zachowań społecznych w Stanach Zjednoczonych

Hendry, D. F., i Mizon, G. E. (1978). Korelacja szeregowa jako wygodne uproszczenie, a nie anuisance: Komentarz do badania dotyczącego zapotrzebowania na pieniądze przez bank Anglii. *Dziennik ekonomiczny*, 88, 549{563. Przedrukowano w Hendry, D. F. (1993), *Econometrics: Alchemia czy nauka?* Oxford: Blackwell Publishers.

Hendry, D. F. i Morgan, M. S. (1995). *The Foundations of Econometric Analysis*. Cambridge: Cambridge University Press.

Herbeger, A.C. (1998). Wpływ rzeczywistego efektywnego kursu walutowego na cenę hurtową. *Online pod adresem http://ideas.repec.org/p/eti/dpaper/05020.html*

Ho, C. i Macaulay, R. N. (2003). Życie z elastycznymi kursami wymiany: Zagadnienia i ostatnie doświadczenia w zakresie ukierunkowania inflacji w gospodarkach wschodzących. BIS *Working Paper,* No 130, February, 2003.

Hooper, P., & Mann, C. (1989). Kurs wymiany w latach 80-tych: Przypadek amerykańskiego importu producentów. *Brookings Papers on Economic Activity*, 1989(1), 297-329.

Hyder, Z, i Shah, S. (2004). Przejście kursu walutowego na ceny krajowe w Pakistanie. *Dokumenty robocze* Narodowego Banku Pakistanu. [On-line] Dostępny na stronie http://129.3.20.41/eps/mac

Ito, T., Sasaki, Y. i Sato, K. (2005). Przełożenie zmian kursów walutowych i szoków makroekonomicznych na inflację wewnętrzną w krajach Azji Wschodniej. *Discussion Papers* s05020, Research Institute of Economy, Trade and Industy. *Online pod adresem http://ideas.repec.org/p/eti/dpaper/05020.html*

Jeselius, K. (1999). Model i relacje w ekonomii i ekonometrii. *Journal of Economics Methodology*, 6(2): 259-290.

Jinghan, M.L. (2003) *Advanced Macroeconomic.* Delhi: Publikacje Vrindy.

Johansen, S. (1995). *Likelihood-Based Inference in Cointegrated Vector Autoregressive Models*, Oxford: Oxford University Press.

Johansen, S. (1988). Analiza statystyczna współzintegrowanych wektorów. *Journal of economic Dynamics and Control,* 12:231-251.

Junior, R, (2007). Ukierunkowanie na inflację i przełożenie kursu walutowego. *Zastosowanie gospodarcze.* 11,2: 189-208.

Kardasz, S. W. i Stollery, K. R. (2005). Przełożenie kursów walutowych w kanadyjskiej produkcji: Jego komponenty bezpośrednie i pośrednie. *Applied Economics, Taylor and Francis Journals,* 37 (15): 1763-1776.

Kenny, G. i McGettigan, D (1996). Przełożenie kursu walutowego i irlandzkie ceny importowe. Central Bank of Ireland, 6/RT/96

Kim, Yoonbai (1991). Korekty zewnętrzne i elastyczność kursu walutowego: Kilka dowodów z danych amerykańskich. *The Review of Economics and Statistics*, Vol. 73, No. 1, February, pp. 176-81.24.

Kim, Ki-Ho (1998). Inflacja amerykańska i kurs dolara: Model korekcji błędów wektorowych. *Applied Economics*, Vol. 30, No. 5, May, str. 613-619.

Kiptui, M., Ndolo, D., i Kiminchia, S.(2005). Przejście po kursie: W jakim stopniu wahania kursów walutowych wpływają na ceny importowe i inflację w Kenii? *Dokumenty robocze* Central Bank of Kenya, nr 1

Knetter M.M.(1993). Wpływ kursu walutowego na ceny międzynarodowe. *Applied Economics, Taylor and Francis Journals*, 37 (15): 177-71780.

Krugman P. (1991). Wstrząsy zewnętrzne i reakcje w ramach polityki wewnętrznej. W Dornbusch R. i Helmers, F.L.C.H.(ed.), *The Open Economy*. Oksford: Clarendon Press.

Khundrakpam, J. K. (2007). Reformy gospodarcze i przenoszenie się kursu walutowego na ceny krajowe w Indiach. BIS *Working Papers* No. 225, luty 2007.

Laflechell, Therese (1996). Wpływ zmian kursu walutowego na ceny konsumpcyjne. *Bank of Canada Review,* Winter, 1996-1997, 21-32.

Leith, C. (1991). Kurs walutowy i poziom cen w małej, otwartej gospodarce. *Journal of Policy Modelling*, Vol. 13, No.2

Lutkepohl, H. (1990). Asymptotyczne rozkłady funkcji odpowiedzi impulsowej i prognozowanych rozkładów wariancji błędów wektorowych modeli autoregresywnych. *The Przegląd Ekonomii i Statystyki,* 72 (1):116-125.

Lutkepohl, H. (1991). *Wprowadzenie do analizy wielu szeregów czasowych.* Berlin: Springer-Verlag.

Lutkepohl, H. (2004). Ostatnie postępy w analizie kointegracyjnej. *Przegląd ekonometryczny* 25: 80-89.

Mann, C. L. (1986). Ceny, marże zysku i kursy wymiany walut. *Biuletyn Rezerwy Federalnej*, 72.

Marazzi, M., Sheets, N., & Vigfusson, R. J. (2005). Przejście kursu walutowego na ceny importowe USA: Kilka nowych dowodów. Board of Governors of the

Federal Reserve System, *International Finance Discussion Papers* No 833, kwiecień 2005.

Masha I. (2000). Nowe perspektywy dotyczące inflacji w Nigerii. W Central Bank of Nigeria, *CBN Economic and Financial Review*, 38(2).

Masih M.M. i Masih, R. (1996). Czy liczy się tylko przewidywany wzrost pieniężny? Badanie ekonometryczne dziesięciu krajów azjatyckich. *Economia Internationale*: Vol. 49, Issue 1, 1996, str. 537-549.

McCarthy, J. (1999). Przejście od kursów walutowych i cen importowych do inflacji krajowej w niektórych gospodarkach uprzemysłowionych. *Dokument roboczy Banku Rozrachunków Międzynarodowych* nr 79.

Mcmahon, T. (2008). Inflacja: Przyczyna i skutek. *Online athttp://inflationdata.com/articles*

Menon, J. (1995). Elastyczne kursy walutowe i ceny towarów handlowych: Teoria na krótką metę. Centrum Studiów nad Polityką. *Główny dokument Uniwersytetu Monash* nr G-108

Menon, J. (1993). Przełożenie kursu walutowego na ceny importowe silników w Australii. *Dokumenty Banku Rozrachunków Międzynarodowych* nr 10.

Mihaljek, D i Klau, M (2001). Nota dotycząca przejścia od zmian kursów walutowych i cen zagranicznych do inflacji w wybranych wschodzących gospodarkach rynkowych. *Dokumenty Banku Rozrachunków Międzynarodowych* nr 8.

Montiel P.J. i Hinkle L.E.(1999). Wyrównanie kursów walutowych: Koncepcje i pomiary dla krajów rozwijających się. Online pod adresem *http://scindeks.ceon.rs/article.aspx%3Fart*

Mordi, C.O. (2006). Wyzwania związane z niestabilnością kursów walutowych w zarządzaniu gospodarczym w Nigerii. Central Bank of Nigeria Vol. 30 No. 3.

Moser G.G (1995). Główne czynniki warunkujące inflację w Nigerii. Online @ http://imf.org/exter

Murray S. (2008). Strategiczne wybory w zakresie wyznaczania celów inflacyjnych: Doświadczenie Newzealand. Reserve Bank of Newzealand.

Mumtaz, H, Oomen, O. i Wang, J. (2006). Przełożenie kursu walutowego na ceny importowe Zjednoczonego Królestwa. *Dokument roboczy* nr. 312. Bank of England. Online pod adresem *http://papers.ssn.com/sol3/papers.cfm?abstract id=965463.*

Mwase, N. (2006). Empiryczne dochodzenie w sprawie przejścia kursu wymiany na inflację w Tanzanii. *Dokument roboczy MFW* WP/06I1S. Online pod adresem http://imf.org/external/pubs/ft/wp/2006/wp061S0

Krajowy Urząd Statystyczny (2010). *Biuletyn statystyczny,* (różne wydania), Abudża Nigeria.

Krajowa Komisja Planowania (2012). Roczny raport o wynikach w 2011 r. w gospodarce nigeryjskiej, Abudża-Nigeria

Krajowa Komisja Ludnościowa (2007). Dane dotyczące ludności Nigerii, 2006 r. Abuja-Nigeria.

Njuguna S. N. (1993). *Dynamika procesu inflacyjnego w Kenii* Goteborg. Szwecja: Uniwersytet w Goteborgu,

Njuguna S. N. (1997). Polityka pieniężna i kursowa w Kenii. *African Economic Research Corsortium* (AERC), *Research Paper,*

Obstfeld, M. (2001). Międzynarodowa makroekonomia: Poza modelem Murdell-Flemming. *Dokument roboczy Krajowego Biura Badań Gospodarczych* nr W8369.

Obstfeld, M. i Roggof, K. (1996). Ceny importowe i przenoszenie kursu walutowego: Teoria i dowody z *dokumentu roboczego* U.K. *Bank of England* nr 182.

Ochendu, O. A (2009). Inflacja ukierunkowana na Nigerię: Kwestie pojęciowe, wyzwania i perspektywy. *CBN Bullion* Vol. 33, No. 1

Odusola, A.F. i Akinlo, A.E. (2001). Ocena wpływu deprecjacji Naira w Nigerii na produkcję i inflację. *Gospodarka Stosowana,* Tom 35 czerwca 2003 r., str. 691-703.

Ogiji, P i Ehusani, N (2002). Dynamika kursu walutowego i wyniki sektora produkcyjnego w Nigerii. *Journal of Economics and Social Research* Vol.1, No. 2

Ogun, O, (2000). Zmiany kursów walutowych i cen eksportowych w małej, półotwartej gospodarce. *Przegląd Open Economies.* 11: 127-134

Ojo M.O (1998). Zarządzanie zasobami walutowymi w Nigerii. *CBN Economic and Financial Review.* Tom 29. Nr 2.

Olivei, Giovanni P. (2002). Kursy walutowe i ceny produktów produkcyjnych importowanych do Stanów Zjednoczonych. *New England Economic Review,* First Quarter, s. 3-18.

Oladipo, O. (2007). "Przejście po kursie wymiany": Studium przypadku małej, otwartej gospodarki. *Dziennik Gospodarki Światowej,* 7(3)

Oluwole, A.S. (2002). Polityka kursowa w małej, otwartej gospodarce: Dowody z Nigerii. *Papier MPRA* nr 20489

Omisakin, O. A (2009). Przejście kursu walutowego na cenę krajową i produkcję w Nigerii.International Business Management, Vol.3, No.3.

Opaluwa, D. J.C. Umeh, Abu A.A. (2010). Wpływ wahań kursów walutowych na

Nigeryjski sektor produkcyjny. *African Journal of Business Management* Vol. 4 (14) Pp 2994 -2998

Okpanachi, R.A. (2008). Rynek walutowy w Nigerii. Chartered Institute of Bankers of Nigeria, Yaba, Lagos; Nigeria.

Orubu, N. (2009). Empiryczna analiza przyczyn i skutków inflacji w Nigerii. Kruszec *CBN,* 2009

Oyinlola, M. A., Babatunde, A. (2009). A Bound testing analysis of exchange rate pass-through to domestic prices:The case of Nigeria. *African Journal of Economic Policy,* Vol.16,No.2.

Oyinlola, M. A (2008). Przejście z kursu wymiany na ceny importowe i krajowe w Nigerii (1980-2006). Niepublikowana praca doktorska na Wydziale Ekonomii Uniwersytetu w Ibadanie, Ibadan, Nigeria.

Oyinlola, M.A. i Egwaikhide, F.O. (2011). Przejście kursu walutowego na ceny krajowe w Nigerii: Dynamiczne dochodzenie. *The Social Sciences*, 6:87-95.

Parsely, D.C. (2010). Kurs wymiany w Republice Południowej Afryki: Dowody panelowe z poszczególnych towarów i usług. *Journal of Development Studies.* Online pod adresem http://ssrn.com/abstract=1644969

Pilbeam K (1998). *Finanse i rynki finansowe.* Basingstoke: Macmillan.

Pierre-Richard Agenor (1986). Pieniądze, kursy wymiany walut i inflacja w Afryce: Analiza autoregresji wektorowej. Niepublikowany dokument, Międzynarodowy Fundusz Walutowy,

Rae D. (1993). Pomiar inflacji. *Reserve Bank of Newzealand Bulletin* 02/1993.

Romer, D. (1993). Otwartość i inflacja: Teoria i dowody. *Quarterly Journal of Economics*, 4,869-903.

Soludo, C.C (1995). Dostosowanie makroekonomiczne, handel i wzrost: Analiza polityki z wykorzystaniem makroekonomicznego modelu Nigerii. *Dokumenty robocze*, AERC,

Taylor MP (1995). Ekonomika kursów walutowych. *Journal of Economic Literature*, 33: 13-47.

Taylor, M.P. (2000). Niska inflacja, przepustowość i siła cenowa firm. *Przegląd gospodarczy Europy*, 44 (7)

Tokumbo, A. i Ahamefule, D (2002). Wpływ zmienności kursów walutowych na wzrost gospodarczy w Nigerii. *CBN Economic and Financial Review* Vol. 42, No 3

Ugwuanyi, C.U. (2009). Zarządzanie kursami walutowymi w Nigerii w latach 1960-2007. *Przegląd Open Economies*. 11: 127-134

Biały H (1980). Estymator kowariancji zgodny z matrycą heteroskedastyczności oraz bezpośrednie badanie heteroskedastyczności. *Econometrica*, 48:817-838.

Williamson, J. (1995). Polityka kursowa i strategia rozwoju. Sesja Plenarna *AERC, Journal of African Economics*, Suplement do tomu 6, nr 3, Nairobi

Woo, W. T. (1984). Kursy walutowe i ceny produktów nieżywnościowych i niepaliwowych. *Brookings Papers on Economic Activity*, 2: 511-530.

Yahaya K.A. (2000). Brak równowagi strukturalnej i inflacja w Nigerii: Teoretyczna analiza przyczyn i skutków inflacji w rozwijającej się gospodarce, Montclair, Benjamin Soares

Yang, J. (1997). Przełożenie kursu walutowego na amerykański przemysł wytwórczy. *Review of Economics and Statistics*, 79: 95-104.

Yang, J., Guo, H. i Wang, Z.(2004). Międzynarodowy transfer inflacji pomiędzy krajami G-7: Analiza VAR na podstawie określonych danych. *Working Papers* 2004-28, Federal Reserve Bank of St. Louis. Na *stronie internetowej* *http://research.stlouisfed.org/wp*

Kolibri 360 GmbH
Ferdinand-Jühlke-Straße 7
99095 Erfurt, Deutschland
produktsicherheit@kolibri360.de

Druck:
CPI Druckdienstleistungen GmbH
im Auftrag der
Kolibri 360 GmbH
Ferdinand-Jühlke-Str. 7
99095 Erfurt